40代からの

# 「太らない体」のつくり方

満尾クリニック院長・医学博士
満尾 正

三笠書房

太らない体とは
「老けない体」のことである――

# 「40代の肥満」はふつうのダイエットでは解消できない!?

私たちの体は、40歳前後になると「太りやすい体」に変わってきます。お腹がポッコリと出た、いわゆる「中年太り」。これは象徴的な老化現象の一つです。

そもそも老化とは、加齢によって体の機能が低下すること。さまざまな細胞や器官が衰えて、太りやすくなるのです。

20～30代の肥満は、食事制限と運動などのダイエットで解消できることが多いのですが、40歳前後になるとそうはいきません。老化が始まると、体は取り込んだエネルギーを使い切れなくなります。

つまり、**「中年太り」はふつうのダイエットだけではなかなかやせられない**のです。

さらに、**40代からの肥満は、高血圧や糖尿病などの生活習慣病の原因**にもなります。

このことからも、「太らない体づくり」は誰もが40歳前後から考えるべきことなのです。

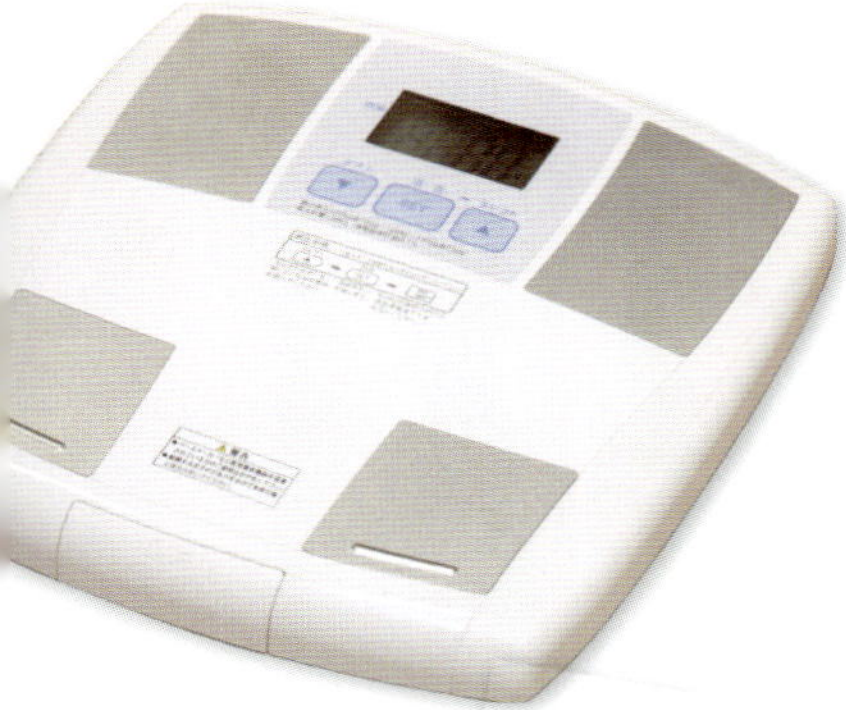

# 太らない――
# 「一生、元気で若々しい
# 自分」をつくる！

**「太らない体をつくりたい」**――。

その願いは、「ちょっとしたコツ」で簡単にかなえることができます。そのコツを紹介するのが、本書です。

私は、「アンチエイジング医療の専門医」として、多くの人の「老化防止」をサポートしてきました。

従来の「病気を治す医学」ではなく、体そのものを

若返らせる「健康をつくる医学」です。

こうした医療によって、毎日を健康に過ごせるようになるだけでなく、結果的に「太らない体」をつくることができます。

**「老化防止」と「太らない体づくり」は、切っても切れない関係にある**のです。

# 「太らない体づくり」3つのコツ

「太らない体づくり」のポイントは、アンチエイジングの3つのポイントでもあります。

**老廃物をきちんと排出すること。**

**栄養のバランスを整えること。**

そして、**若返りホルモン「DHEA」の分泌を促すこと。**このDHEAは、「老化防止」と「脂肪燃焼」の相乗効果によって「太らない体」をもたらし

てくれる、〝ミラクルホルモン〟と言えるものです。

これらのポイントを実践するには、生活習慣に次のような「ちょっとしたコツ」を取り入れることから始まります。

**・1日3回、10分ずつ歩く**

**・食事は野菜を最初に食べる**

**・できるだけ夜の11時までに寝る**

こんな簡単なことから、あなたの体は確実に変わっていくのです。

目次

## 3章 脂肪・贅肉を一気に捨てる「体の大そうじ」

◎「太らない出し方」と「太らない食べ方」



## 4章 忙しい人・疲れやすい人「熟睡・快眠のコツ」

◎「グッスリ眠れる人」は若く見える！

## 5章 「体にいいこと」だけをやりなさい！

◎「健康が詰まった1錠のサプリ」の活用法



編集協力……小松事務所
本文DTP・カット……宇那木デザイン室
本文イラスト……石玉サコ

# 1章

# あなたの人生、今日からの「1週間」が勝負です！

◉いつまでも「若い人」、いつのまにか「老ける人」の差

# 01 いくつになっても「若さを感じる人」の習慣



40代は、「うらやましいほど若々しい人」と「妙に老けている人」の違いがハッキリ出てくる世代と言っていいでしょう。とくに、男性は女性に比べて、この変化の個人差が激しいようです。

それには理由があります。この時期、男性ホルモンの分泌が少なくなりはじめるからです。その影響で、人によっては骨格や筋肉が衰えたり、体力・気力が弱くなります。それが「40代でも若い人」「40代で老ける人」の差なのです。

ですから、お腹が出はじめたら、「オヤジ」っぽくなるのも時間の問題だと思わなければなりません。

**「見た目」は、老化速度のバロメーター**なのです。

さらに「太らない体」は、それだけで生活習慣病の予防になります。

たとえ、すでに生活習慣病を持っていても、「太らない体」をつくれば、その改善が図れます。さらに、50代や60代でお腹が出ていたとしても、「太らない体」への改造は可能です。この方法は「アンチエイジング（抗加齢）医療」に基づくもので、肌にハリやツヤが戻るといった美容的な若返りも間違いなくできます。

## 「太らない体」をつくる3つの習慣

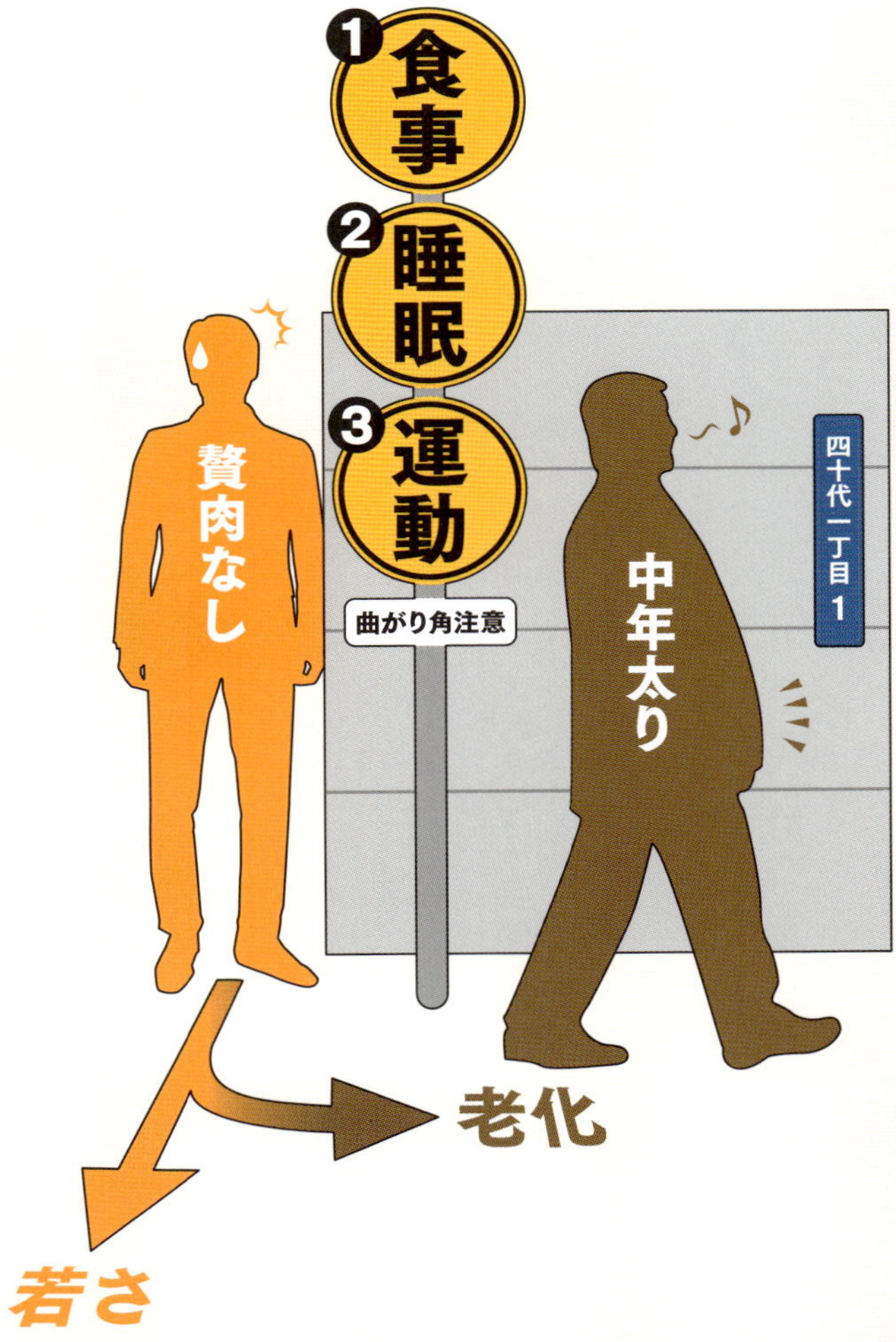
1 食事
2 睡眠
3 運動
曲がり角注意
四十代一丁目1
贅肉なし
中年太り
老化
若さ

# 02 「歳をとると太りやすくなる」なぜ？

体にはじっとしているときでも、呼吸をしたり、体温を保ったり、心臓を動かしたりと、**「体を維持するエネルギー」**が必要です。

これを「基礎代謝」と言います。

「体を維持するエネルギー」は、おもに筋肉でつくられます。しかし、歳をとると筋肉の量が減り、筋力も衰えてきます。それで、少し走っただけで足が上がらなくなったり、ひどい筋肉痛に悩まされたりするのです。

筋肉の量は、マメに運動をしている人でも、加齢にともなって減少していきます。この**筋肉の量の減少が「中年太り」の根本原因**なのです。

筋肉がどの程度減少するかは、部位によって異なります。たとえば、腕の筋肉は歳をとってもあまり減りませんが、体の中でもっとも大きい太ももの筋肉は、一般に40代では20代の約90％、60代では20代の約70％にまで減少すると言われています。

では、筋肉が減るとどうなるか——。

その分、細くなるのではありません。**減った筋肉は、その分、脂肪に置き換わります。**

これが「**体脂肪**」と呼ばれる脂肪です。

# 40歳になったら
# 筋肉量が減り、代謝量も減る

## ——だから「太らない体」をつくらなければならない！

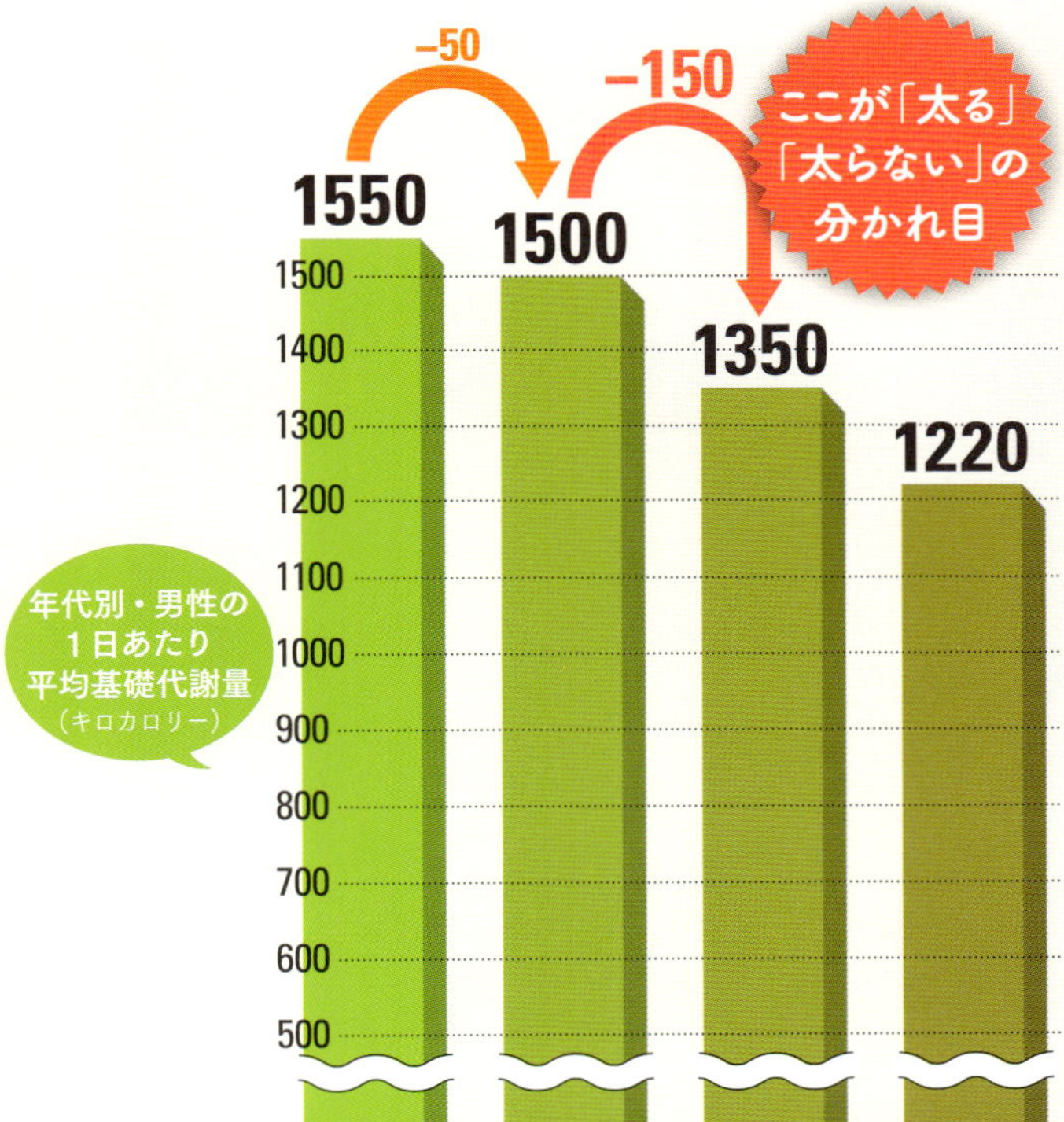

年代別・男性の
1日あたり
平均基礎代謝量
（キロカロリー）
−50
−150
ここが「太る」
「太らない」の
分かれ目
1550
1500
1350
1220
1500
1400
1300
1200
1100
1000
900
800
700
600
500


**基礎代謝量＝体重×基礎代謝値***

＊基礎代謝値：体重1キログラムあたりの消費エネルギー量

| 年　代 | 20代 | 30〜40代 | 50〜60代 | 70代〜 |
|---|---|---|---|---|
| 平均体重（キログラム） | 64.5 | 67.0 | 63.0 | 57.0 |
| 基礎代謝基準量（キロカロリー） | 24.0 −1.7 | 22.3 −0.8 | 21.5 | 21.5 |

（参考：厚生労働省『第六次改定 日本人の栄養所要量』）

# 03

# 中高年は「隠れ肥満」が危ない！

40歳前後から**「隠れ肥満」**になる人が増えています。

わが国の基準では、腹まわりが男性で85センチ以上、女性で90センチ以上あると、内臓のまわりに体脂肪がたまりすぎた「内臓脂肪型肥満」と見なされます。

この「内臓脂肪型」が〝危険な肥満〟なのです。

同じ肥満でも、若い人の肥満のほとんどは、皮下に脂肪がたまる「皮下脂肪型肥満」です。

皮下脂肪は生活習慣病の引き金にはなりません。むしろ、いざというときに使えるようにエネルギーを貯蔵したり、体を保温したりする役目を持っています。女性の場合、妊娠・出産には必要不可欠です。

一方、**内臓の周囲にたまった体脂肪は、糖尿病や高血圧、動脈硬化、心臓病といった生活習慣病の原因**になります。高血圧・脂質異常（血液中のコレステロールや、中性脂肪が異常に多い状態）・高血糖のうち、2つ以上の症状が重なった状態が俗に言う「メタボ」です。

40歳あたりから**体重は標準の範囲でも体脂肪率が高い**という人が増えています。

この「隠れ肥満」状態になると、どんなに昔と体型が変わっていなくても「メタボ予備軍」です。

# 見た目より危険!?

——2つの肥満に気をつけよう

**40代で、20代のころと同じように
食べ、飲み、活動していると、どうなるか？**

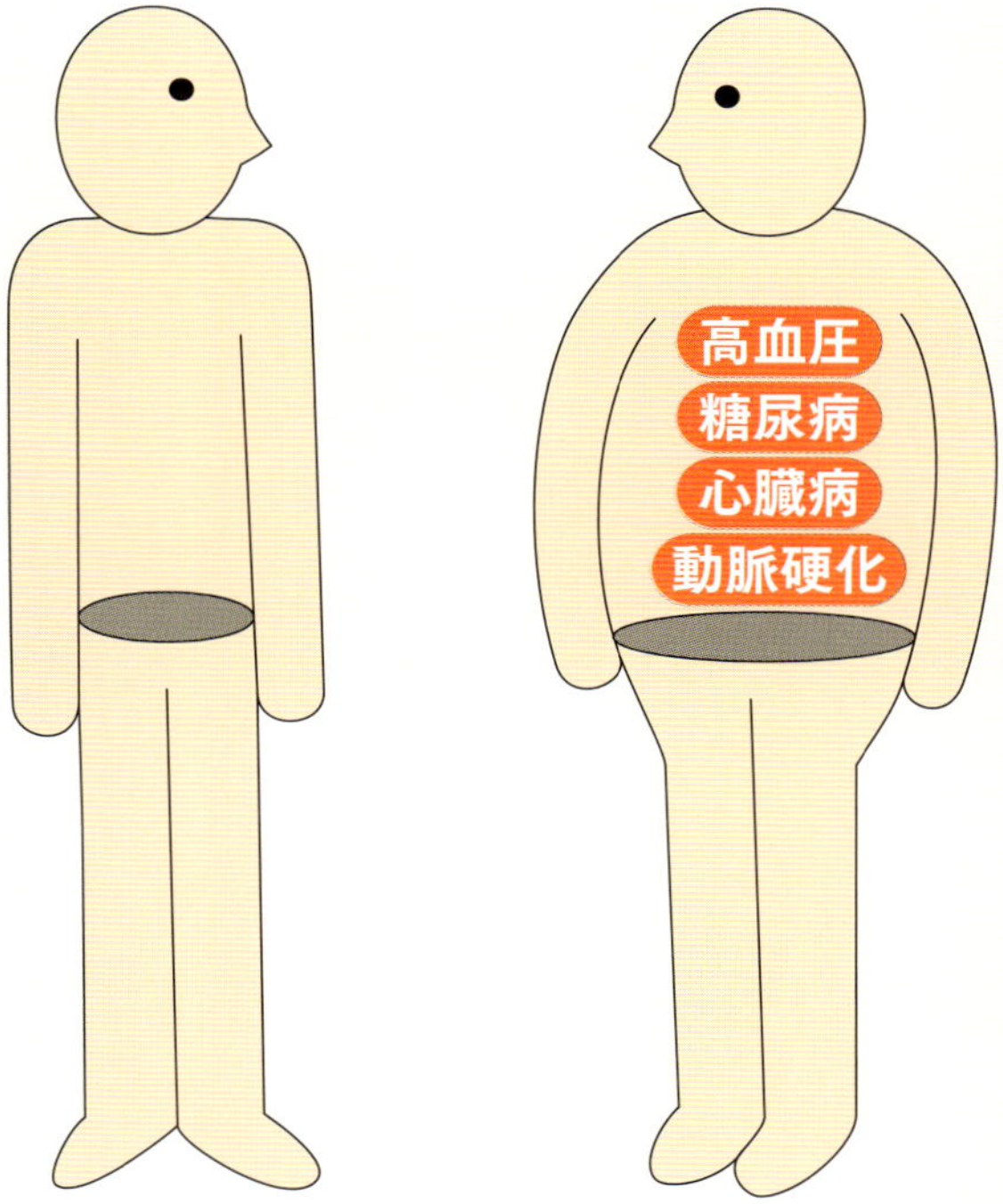


**隠れ肥満**

見た目では
わからないだけに、
とても**危険**！

メタボ予備軍

**内臓脂肪型肥満**

腹まわり
男性：**85**cm以上
女性：**90**cm以上

生活習慣病の
原因に！

# 04 あなたのお腹に「ハンバーグ20個分の脂肪」?

20代と40代とで、1日に「食べる量」と「消費する量」のバランスを比較してみましょう。

消費する量は、体を維持するためのエネルギー消費量(基礎代謝量)と、体を動かすためのエネルギー消費量(活動量)を合わせたものです。

40代になれば20代のころより食べる量は減るでしょう。しかし同時に、**活動量もガクンと減ります。**仮に食べる量が150キロカロリー(ごはん茶わん1杯分ほど)減っても、活動量が半分に減れば、毎日、225キロカロリーも余る計算になります(左図参照)。3カ月では約2キログラム。これが体脂肪となって体内にたまってしまいます。

極端に言えば、**100グラムのハンバーグ20個分の脂肪が、あなたのお腹に加わるようなもの**です。これは放ってはおけません。

歳をとると自然に減る活動量を、がんばって20代のころと同じに保ったとしても、**「基礎代謝量の低下」という落とし穴**があります。しかし、逆に考えれば、基礎代謝量が落ちる根本原因の「老化」を抑えられれば、それが「太らない体」づくりへの近道となります。

# 食べる量が減っても「40代が太る理由」

| 年代 | 食べる量 | 消費する量（基礎代謝量＋活動量*） | 余分なカロリー |
|---|---|---|---|
| 20代 | 2200 | 2200（1550＋650） | 0 |
| 40代 | 2050 | 1825（1500＋325） | 225 |

＊活動量＝平均基礎代謝量 ×（30 ／ 100）

単位：キロカロリー

3ヵ月で約2キロの脂肪

食べる量は減っても…

↓

基礎代謝量も活動量も20代より低い

↓

**これが「40代が太る」もと！**

消費する量

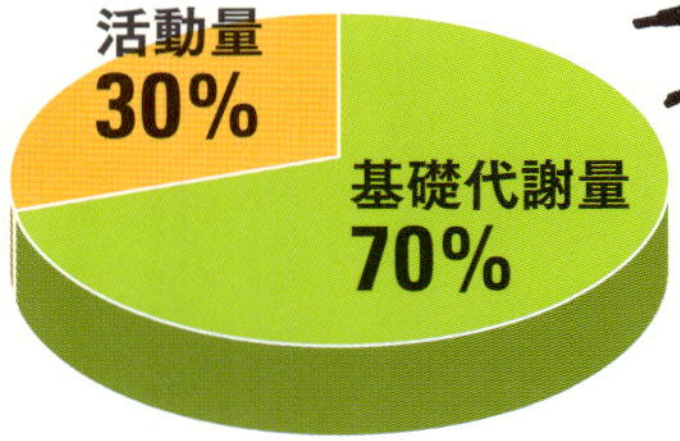

05

# あなたの「老化度」をチェック！

人間の本来の寿命は、125歳と言われています。

しかし実際は、その歳まで長生きする人はきわめてまれです。

日本人の平均寿命は83歳、つまりほとんどの日本人は、125歳どころか100歳になる前に亡くなっています。

糖尿病、心臓病、脳卒中、がん……**寿命を縮める病気のほとんどが、「老化」がもとになって発生します。**

老化とは、歳をとることで体の機能が低下すること。

この「老化」を抑えることができれば、寿命を縮める病気を予防することができ、いつまでも若々しく元気でいられるのです。

40代はすでに老化が始まっている――と聞いて、自分の体が不安になってきた人は、左の「老化度自己チェック表」で調べてみてください。

5項目以上にチェックがつけば、間違いなく体の老化が始まっているということです。そして、本人が気づいていないだけで、すでに老化によって「太りやすい体」になっている人もいるはずです。

そこで、**老化そのものを食い止めるようにすれば、今からでも「太らない体」をつくることができる**のです。

## 今すぐチェック！
## 40代、もう「老化」は始まっている！

□ 駅の階段など少しの運動でも動悸《どうき》・息切れがする。
または病院で「不整脈」と言われたことがある。

□ 食事の後は、たいてい胃がムカつく。

□ 下痢、または便秘になりやすい。

□ 歯を磨くと血が出る。または口臭が気になる。

□ 息苦しい。または咳やたんが増えた気がする。

□ 嗅覚、視力、聴力のうち一つでも低下している。

□ 意欲や記憶力が低くなった気がする。

□ 1年前に比べて性欲が減退。または勃起しにくい。

□ シミ、シワ、タルミのうち一つでも気になる。

□ かぜをひきやすくなった。または前に比べて切り傷、
すり傷が治りにくい気がする。

□ 関節痛がある。または筋力低下が気になる。

□ 寝つきが悪い。または眠りが浅い。
早朝に目覚める。

□ トイレの回数が増えた。
ときどき尿モレする。

# 06 「老化」を止める法
## ――まず「酸化・糖化・ホルモン変化」を防ぐ



生活習慣病、がんなどの病気に、「止められるもの」と「止められないもの」があるように、老化現象にも「止められる老化」と「止められない老化」があります。

「止められない老化」とは、「視力が低下した」「息切れがする」「顔にシワやたるみができた」「肌が荒れた」「髪が薄くなった」といった、歳を重ねると誰もが避けられない老化現象です。

一方、「止められる老化」とは……

**①活性酸素による酸化**

**②タンパク質の糖化**

**③ホルモン分泌の変化**

これらは、40代の体にとって「3つの大敵」と言われるものですが、食事、睡眠、運動、ストレス対策など、**生活習慣を少し見直すことで、いくらでも防ぐことができます。**

意識してこれら「止められる老化」を抑えるようにすれば、かなりの度合いで老化にブレーキをかけることができるのです。

## 老化を加速させる3つの大敵

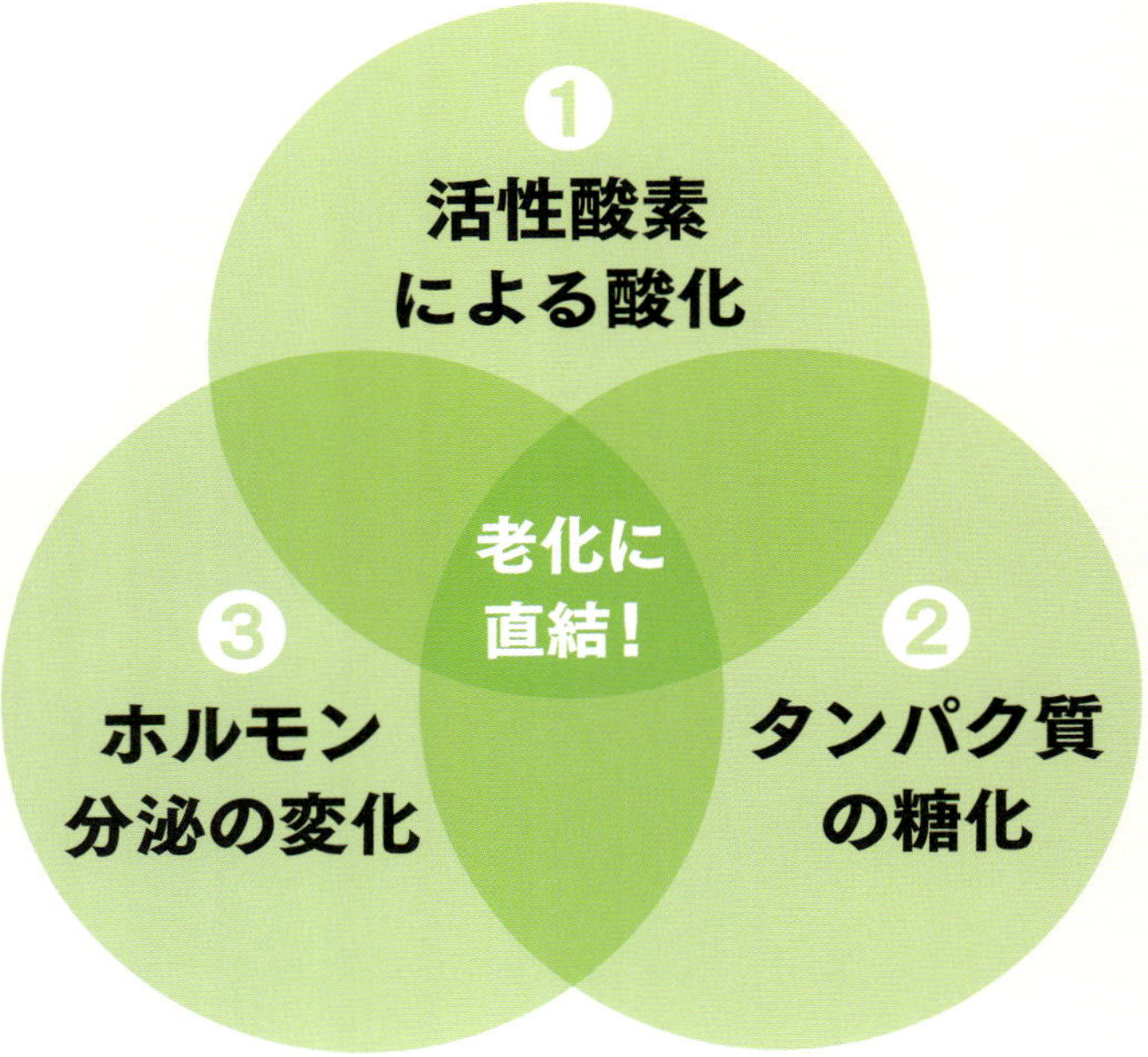


- 動脈硬化、糖尿病などの生活習慣病
- がん、アトピー性皮膚炎、うつ病の発症
- 美容面での問題、運動能力の低下……の原因に！

食事　睡眠　運動　ストレス対策など、

**生活習慣を少し見直すことで防ぐことができる！**

# 07 酸化防止——体の「錆び止めをする」簡単なコツ



40代からの体の大敵その1、「活性酸素による酸化」について説明します。「酸化」とは「**体が錆《さ》びる**」こと。

40代になると、体に「錆び」が出ます。頑丈な鉄も、長く外気にさらされていると酸素と反応し、錆びてボロボロになります。この反応が「酸化」です。

体は、食物から取り込んだ糖質（ブドウ糖）や脂質に、外気から取り込んだ酸素を反応（燃焼）させてエネルギーをつくり出し、生命を維持しています。このときに発生するのが「**活性酸素**」です。

活性酸素は、細胞を構成する脂質などを「酸化」させ、傷つけます。そのため、細胞が死んだり、働きを失ったりして、本来の役目を十分に果たせなくなります。

この**活性酸素が「体を錆びさせる」**のです。

しかし、体の「錆び」を抑える方法はあります。

## ■「活性酸素」を消し、酵素を増やす

「活性酸素」はエネルギーをつくるときに発生するため、生きている限り、体内での発生は避けられません。

と同時に、体はうまくできているもので、**活性酸素を毒性の低い物質に変えて消去する「SOD」（スーパー**

# 「抗酸化物質」を含む食材をとろう

## ① ベータ―カロチン

ニンジン、カボチャ、
ホウレンソウなど

## ② ビタミンC

レモン、ミカン、
ブロッコリー、
コマツナなど

## ③ ビタミンE

アーモンド、
ホウレンソウ、
カボチャ、
イワシなど

## ④ ポリフェノール

赤ワイン、
ブルーベリー、
ココア、緑茶、
リンゴ、ダイズなど

## ⑤ フラボノイド

レタス、シュンギク、
タマネギ、ダイズ、
緑茶、柑橘類の皮など

**オキサイドディスムターゼ）などの酵素を持っています。**

自転車の車輪軸やチェーンに「錆止め」を使うように、体の中でも、同様のことが行なわれているのです。

20代の若い体なら、この酵素が十分ありますが、それは歳をとるにつれて減っていきます。太りやすくなる40歳前後からは、この酵素の減り具合をできるだけ抑えなければなりません。それと同時に、減った分の酵素を補うことです。

活性酸素を消す酵素はタンパク質を材料とし、亜鉛、銅、マンガンなどの助けを借りてつくられます。これらの栄養素が不足しないよう、心がけなければなりません。

とくに、**亜鉛は不足しやすいので、カキ（牡蠣）、全粒粉を用いた食品、玄米、ライ麦パン、オートミールなどの全粒穀物、木の実などから意識してとる**ことが肝心です。

活性酸素を消去する物質はほかにもあります。「抗酸化物質」あるいは「スカベンジャー」と呼ばれ、ベータカロチン、ビタミンC、ビタミンE、ポリフェノール、フラボノイドがその代表です。これら抗酸化物質を含む食材を、積極的にとりましょう。

老化で活性酸素を消去する酵素が減少しても、意識的に抗酸化物質をとり入れれば十分、補えます。

## 「活性酸素」を大量発生させない

もう一つ重要なのは、**そもそも体内に「活性酸素」をたくさん発生させないようにする**ことです。活性酸素の大量発生につながるのは、左の「5つの習慣」です。

生活習慣は、後の章でも述べるように、睡眠のとり方など、日常の工夫次第で少しずつ変えることはできます。できることを意識してやるようにすれば、活性酸素の発生をだいぶ軽減できるはずです。

# 「活性酸素」を大量発生させる 5つの習慣

タバコの煙を吸い込むと、白血球が多量の「活性酸素」をつくり出す。
第1の習慣
「喫煙」
一服…
肝臓でアルコールを分解するときに「活性酸素」が発生する。
第2の習慣
「お酒の飲みすぎ」
乾杯！
第3の習慣
「激しい運動」
ぜぇ
ぜぇ
ジョギングやウォーキングでもエネルギーを大量に使うと、発生する「活性酸素」も多くなる！
第4の習慣
「食べすぎ」
げふっ
消化・吸収に多くのエネルギーを使うと「活性酸素」の発生量が多くなる。
ストレスが続くと体の機能が低下し、「活性酸素」が発生しやすい環境になる。
第5の習慣
「ストレス」
ストレス
うう…
活性酸素

# 08 糖化防止
## ——食べても食べても「太らない食べ方」



40代からの体の大敵その2、「タンパク質の糖化」について簡単に説明しましょう。

「糖」は体の大切なエネルギーです。ただ、**とりすぎると「糖化」という悪い作用が過剰に働いてしまいます。**このことをぜひ覚えておいてください。

体を構成する主要な成分は、タンパク質です。細胞も大部分がタンパク質で、酵素や脳の情報伝達物質もタンパク質です。その大事な成分が糖（ブドウ糖）によって変化します。これを「糖化」と言います。そうなると、タンパク質の働きが悪くなって、体の機能低下へとつながります。

体の機能が低下するということは、エネルギー消費も滞りがちになるということ。つまり、余分な脂肪がたまり、太りやすくなるということです。

たとえば「糖化」が脳の神経細胞に起こると、うつ状態になりやすいとされています。

血管であれば、「糖化」で傷んだところに、老化の大敵その1の「酸化」が加わると、ダブルパンチで動脈硬化がより発生しやすくなります。血管が硬くなって血流が悪くなり、手足の冷えの原因にもなります。

## 「太らない体」をつくる食生活

**十分に間を置いて食べる**

6時間おきに
3食をきちんと
とるのが理想。

せめて就寝3時間前には夕食を終え、少し空腹感を覚えて寝る。

**一気に大量に食べない**

1回の食事時間は
最低でも20分を
目安にする。

糖が血液で脳に運ばれ、満腹のサインが出るまでに約20分かかる。

**糖質の多い食材はたくさん食べない**

穀類、イモ類、
甘いものを控える。

また、皮膚の「コラーゲン」というタンパク質が「糖化」すると、肌の弾力がなくなり、一気に老けた印象になります。

ただし、これも日常生活をちょっと見直すだけで、過剰な「糖化」が起こりにくい体内環境をつくれます。

今日から、上記の3つに気をつけた食生活を始めてください。この3つが「太らない体」をつくる秘訣なのです。

食生活改善のポイントは2つあります。

1つ目は、**食事に時間をかけて、食事中に満腹サインを受け取るようにする**ことです。そうすれば、食欲が抑えられます。

2つ目は、**食べる時間に注意する**こと。食べ物を胃の中に残して寝ると消化によくありませんし、吸収された栄養素も燃焼せずに脂肪として蓄えられてしまいます。

# 09 ホルモン変化防止
## ——ストレスで男性ホルモンが減る



「ストレス太り」という言葉がありますが、まんざらウソでもありません。

40代からの体の大敵その3、「ホルモン分泌の変化」は、ストレスと関係している場合が少なくないからです。

現代人は、絶えずストレスにさらされています。精神的なストレスを受けると、体は副腎皮質（腎臓のすぐ上にあり、多くのホルモンを分泌する器官）からストレスホルモン（コルチゾール）を分泌します。

強いストレスや激しいショックを受けた場合にも大量に分泌され、「ここ一番!」とがんばるときなどにも、ドッと出ます。

ストレスホルモンは、こうして過度なストレスから、体と心を守ろうとしているわけです。

ただ厄介なのは、このホルモンは、ほかの部分でさまざまな悪影響を及ぼすことです。

若さを保ち、免疫力を維持するホルモン（DHEA）をはじめ、男性ホルモン（テストステロン）、睡眠に関係するホルモン（セロトニン、メラトニン）などの分泌を減少させてしまうのです。

現代人は、**ストレスによって、とくに男性ホルモンの**

**分泌低下が進みやすい、**と言われています。

男性ホルモンは、男性だと精巣（睾丸）でつくられ、女性は副腎や脂肪でつくられます。性機能のほか、筋肉量や筋力の維持にもかかわっており、「活動する力の源」とも言うべきホルモンです。

つまり、**男性ホルモンは「若い体」「太らない体」に不可欠なホルモン**と言えます。

男性ホルモンが減ってしまうのは、大脳の中枢にある性ホルモンの分泌をコントロールする器官がストレスによって十分に働かなくなるために起きる現象です。

男性ホルモンの減少が続くと、筋肉がやせてお腹まわりの脂肪が増えやすい体型になってしまいます。

こうした状態が長く続けば、当たり前の結果として「中年太り」が進んでいきます。

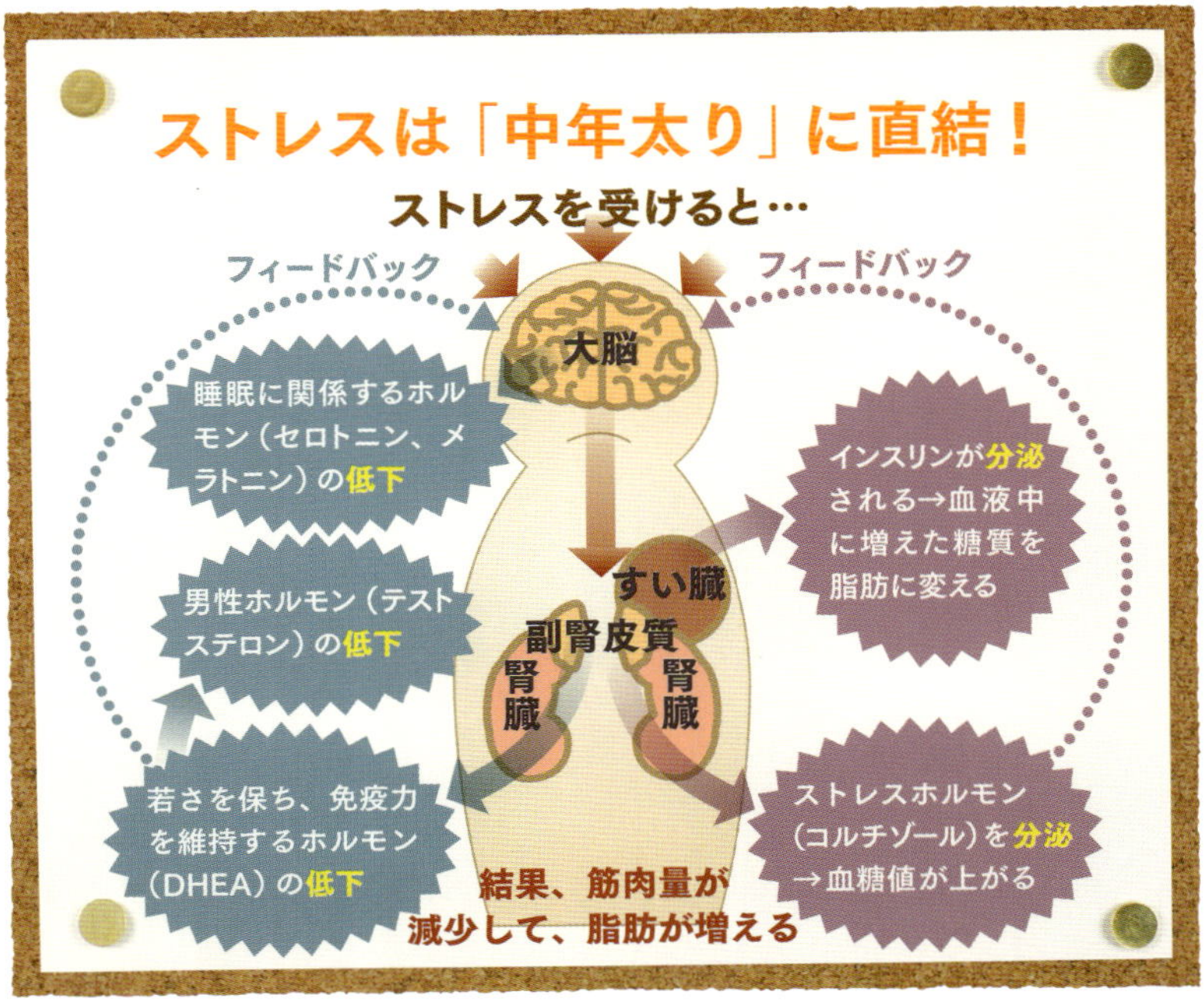
ストレスは「中年太り」に直結！
ストレスを受けると…
フィードバック
フィードバック
大脳
睡眠に関係するホルモン（セロトニン、メラトニン）の低下
男性ホルモン（テストステロン）の低下
若さを保ち、免疫力を維持するホルモン（DHEA）の低下
すい臓
副腎皮質
腎臓
腎臓
インスリンが分泌される→血液中に増えた糖質を脂肪に変える
ストレスホルモン（コルチゾール）を分泌→血糖値が上がる
結果、筋肉量が減少して、脂肪が増える

10

# 若返りホルモン「DHEA」が増えると、健康になる！



あなたを若返らせる——そんなホルモンがあります。

前項で少しふれた「DHEA」。正式には「デヒドロエピアンドロステロン」というホルモンです。

DHEAは、男性ホルモン（テストステロン）や女性ホルモン（エストラジオール）の材料になるほか、多様な働きをしています。筋力、免疫力から意欲、行動力まで、多くの機能を維持し、さらには発がんの抑制、骨粗しょう症の予防といった働きも認められています。

DHEAの血中濃度が下がると、左のような3つの症状が出てきます。その一大要因は、やはりストレスです。

ストレスホルモンもDHEAも、コレステロールを原料として副腎皮質（腎臓の上にあり、多くのホルモンを分泌する器官）でつくられます。

そこで、**強いストレスに対応するためにストレスホルモンが大量につくられると、コレステロールが不足する**——つまり、DHEAは「材料不足」に陥ってしまうのです。すると、さまざまな不調が現れます。

若々しい心身を復活させ、維持するためには、**適切な休養と睡眠**をとって、ストレスをやわらげなければなりません。

# DHEAの血中濃度が下がると出る3つの症状

## ❶「筋肉量」「筋力」が低下する

階段や坂道を上るのがきつくなる。つまずいたり、筋肉痛になったりすることが多くなる。

## ❷「免疫力」が低下する

傷が治りにくくなったり、かぜをひきやすくなったりする。

## ❸「意欲」が低下する

仕事に対する「やる気」を失う。これまで好きだったこともおっくうに感じるようになる。

# 11 「明日の自分」を元気にする習慣



私のクリニックでは、左のような方法で若返りホルモンのレベルを維持するようアドバイスを行なっています。中でもとくに、**40～50代に「DHEA」を重要視してほしい**のです。DHEAは、前項でも述べたように男性ホルモンの材料になるからです。

男性ホルモンの一つ、テストステロンは、男女を問わずきわめて重要な働きをしていますが、その代表的な役割は、筋肉をつくる働きです。

脂肪細胞の中にある「幹細胞」と呼ばれる細胞が、筋肉になるか、それとも脂肪になるか。これを決定づけているのが、テストステロンである可能性が最近の研究でわかってきました。

ところが、順天堂大学の堀江重郎教授の研究によると、40～50代の男性のテストステロンのレベルが、60～70代の男性よりも低いという衝撃的なデータが報告されているのです。

原因は明らかではありませんが、その意味でも、「**40代は、体の曲がり角**」と言えるのです。

ここで「止められる老化」を確実に止めるかどうかで、その後の体、ひいては人生が変わってきます。

## 若返りホルモンのレベルを維持する4つの習慣

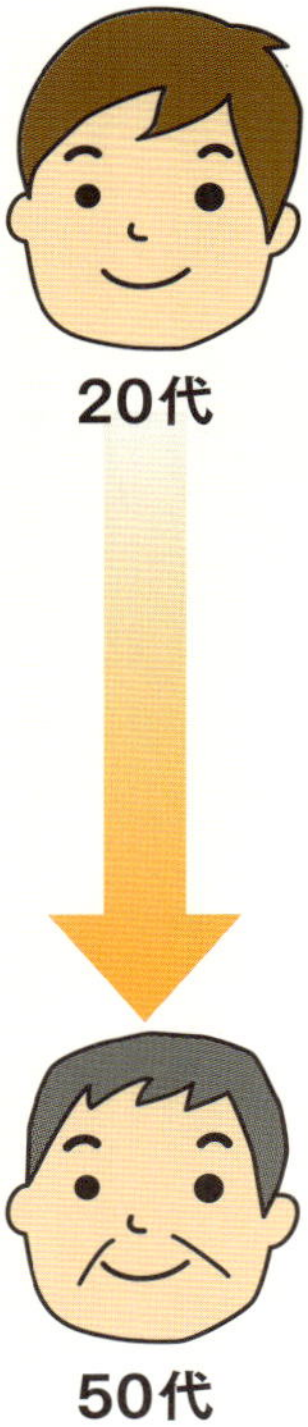


第1の習慣

**よい睡眠を確保すること**

第2の習慣

**寝る前には糖質やアルコールを過度にとらないこと**

第3の習慣

**軽い運動をすること**

第4の習慣

**血液中の「DHEA」レベルを維持すること**

**気をつけなければならないのは、ちょっとした日常的な習慣だけ!**

# 12 できるだけ夜の11時までに寝る



「寝る子は育つ」と言いますが、大人の老化防止にも睡眠は重要です。

子どもの成長を促す成長ホルモンは、思春期をピークに歳をとるにつれて分泌量は低下しますが、大人でも分泌されています。この**成長ホルモンが分泌されるのが、おもに睡眠中**なのです。

一般的に、**夜10時から午前2時までの間をグッスリと眠っていれば、分泌がさかんになります。**

せめて夜11時には、床につきたいものです。睡眠の上手なとり方については、あらためて4章でお話しします。

成長ホルモンには、日中に紫外線を浴びて傷ついた皮膚や、運動などで傷ついた筋肉を修復したり、疲労のもとを除去したり、免疫活動を高めたりと、眠っている間に体をメンテナンスする働きがあります。また、疲れて弱った体の回復を促します。

40～50代の中高年が成長ホルモンの分泌が悪くなると、左に示すような警告となる症状が現れます。

40歳を境にして「太り出す」ことが、症状の一つになっています。それは、「老化が始まっている」というサインなのです。

## 成長ホルモンの分泌が悪い
## 40～50代に出る症状

- 太り出す
- 疲労が蓄積する
- 食欲がなくなる
- 皮膚が荒れる
- かぜをひきやすくなる
- 筋肉痛が続く
- 食の好みが変わる

**バリア！**

**ぐっすり眠る大人は体が若い！**

column

# 意外に知られていない「若返り食材・ニンジン」の効能



**ニンジンは意識して食べてほしい食材**です。

なぜなら、ベータカロチンを大量に含んでいる「緑黄色野菜の王様」だからです。

ニンジンには、食物繊維、ビタミン$B_1$、ビタミン$B_2$、ビタミンCのほか、鉄分やカリウム、カルシウムなどのミネラルも多く含まれています。

どれも体を老化から守ってくれる栄養素ばかり。つまりニンジンは抗酸化作用があり、**がんや生活習慣病の予防、ひいては肥満防止にはもってこい**の食材です。

実際、ニンジンは、昔から民間療法として、疲れ目、肌荒れ、冷え性、かぜ、高血圧、便秘、下痢、せき、夜尿症などの予防・改善に使われてきました。

ニンジンは、年中、手に入る食材ですから、いつでも手軽に食べることができます。ベータカロチンは油といっしょにとると吸収力がアップするので、野菜炒めにしたり、野菜スティックにしてオリーブオイルと塩で食べたりするといいでしょう。

# 2章

# すぐ効く！太らない「歩き方」「体の動かし方」

◉今すぐ、誰でもできる「太らない自分」のつくり方

01

# 40代から「自分の体を絞る」一番いい方法

「太らない体」をつくる最初の習慣は「軽い運動」です。その種類は、大きく分けて3つあります。

**①有酸素運動**
**②筋力トレーニング**
**③ストレッチ**

筋力トレーニングやストレッチなら、いつでもどこでも気軽にできます。しかし、それはただ体を動かせばいいというものではありません。

40代から「太らない体」をつくるコツは、**若返りホルモン「DHEA」の分泌を促して、「いつまでも若い体」でいられるようにする**ことです。ホルモンの分泌を正常化して、肥満や病気につながる老化を抑えるのです。

そのために、意識してほしいのが有酸素運動です。

## ■有酸素運動のすすめ

有酸素運動とは、酸素を体に取り込み、それによって**体内の糖質や脂肪をエネルギーとして消費する運動**です。

体内エネルギーは、食事でとった糖質や脂質（脂肪）

に酸素を反応させてつくり出されます。また、つくり出すときだけでなく、体内エネルギーを実際に消費するときにも、酸素を必要とします。

なぜ、この有酸素運動が「太らない体」をつくるのに役立つのでしょうか。

ひと言で言えば、**有酸素運動によって、全身持久力（スタミナ）が高まる**から。全身持久力が高くなるということは、少ない酸素で多くの活動が行なえるということです。

**全身持久力の低い人は、高い人に比べて心臓・血管の病気にかかるリスクが高く、死亡率が4～5倍も高い**とされています。有酸素運動で全身持久力を高めておけば、肥満を抑えるのはもちろん、心臓や血管の病気を予防することにもつながるのです。







## 有酸素運動で全身持久力を高めよう！

### 無酸素運動

瞬間的にパワーを発揮する短距離走や、息を止めて行なうウエイトトレーニング・筋トレ。

### 有酸素運動

有酸素運動でも、肩で呼吸をするほど激しくやってしまうと、無酸素運動に近くなって効果も低減。

# 02 全身持久力アップ
## ――理想は「1分間・120メートルの歩行」

左の表は、**「全身持久力」の年齢別の目標値**です。

まず3分間、あなた自身の感覚で「ややきついな」と思う速度で早歩きをして、その距離を測ります。そして、測った距離（メートル）を、左の表で評価します。

その距離が表の「3分間で歩いた距離以上」の場合は、目標となる全身持久力にほぼ達しています。「距離未満」の場合は、目標に達していません。

40代の歩行速度であれば、1分間に120メートル進む速さが「ややきつい」のレベルです。

この速さで歩いたとき、「きつい」「かなりきつい」と感じるようだと、全身持久力は目標に達していません。

個人で正確に測定するのはむずかしいかもしれませんが、今の自分にどれくらいのスタミナがあるのか、およその見当はつくでしょう。目標に達していない場合は、「軽い運動」を習慣にしましょう。

歩くこと以外でも、有酸素運動なら何でもかまいませんが、どれも**「ややきつい」くらいで続けると、目に見えて効果が出はじめるはず**です。その際の「ややきつい」の基準は個々で異なりますが、目安として「心拍数」で判断してください。

# あなたの「全身持久力」をチェック！

| 男性 | 20代 | 30代 | 40代 | 50代 | 60代 |
|---|---|---|---|---|---|
| 3分間で歩いた距離（m） | 375 | 360 | **360** | 345 | 345 |
| 歩行速度（m/分） | 125 | 120 | **120** | 115 | 115 |

| 女性 | 20代 | 30代 | 40代 | 50代 | 60代 |
|---|---|---|---|---|---|
| 3分間で歩いた距離（m） | 345 | 340 | **330** | 315 | 300 |
| 歩行速度（m/分） | 115 | 115 | **110** | 105 | 100 |

（参考：厚生労働省『健康づくりのための運動指針 2006』）

**【心拍数の計り方】**

左腕の親指のつけ根から３センチほど上の部分に右手の人差し指・中指・薬指を３本そろえて軽く当てて計る。
手首の脈が見つかりにくい人は、左胸に手を当て、心臓の打つ回数を数えたり、首すじに手を当てて脈拍を計ってもいい。

**「ややきつい」は**
**最大心拍数の5～7.5割**

最大心拍数*の
およその目安＝220－年齢

＊体が動かせなくなるほどの運動をしたときの心拍数

仮に40歳で計算すると……
（220－40歳）の5～7.5割
だから90～135の心拍数
がちょうどいい！

# 03

# 太らない体をつくる「歩き方」

## ——有酸素運動1

有酸素運動で、もっとも手軽で効果的なのは「歩くこと」です。

「歩く」というと、「1日1万歩」が頭をよぎる人も多いことでしょう。たしかに厚生労働省をはじめ多くの専門機関が、1日8000歩から1万歩を推奨しています。

「1日1万歩」とは、1日の全活動の歩数——仕事や通勤、買い物や家事といった生活活動での歩数（生活活動量）と、その他、意識的に行なう運動・ウォーキングやジョギングなどでの歩数（運動量）の合計です。ですから、それほどハードルの高い目標ではありません。



デスクワークが多い人でも、通勤に徒歩をまじえたり、会社でも階段を使ったりなど、動く機会を持つようにすれば、意外と簡単に達成できます。

どれくらい歩けばいいかは、**「1日に10分くらいを細切れで3回」「週4日の頻度」で、週合計2時間ほど歩く**ことを目安にしてください。

「1日1万歩」は、普通歩行だけでも「1日60分」ほど歩けば達成できますが、「短い時間で回数を多く歩く」のがもっとも効果的な歩き方です。

**歩くペースは時速6キロ、**つまり1分間に100メートルから始めて、40代男性なら時速7キロ強、つまり1分間120メートルを目標にします。

普通歩行の平均は時速4キロ、1分間で約70メートルの速度ですから、運動不足の人にとって1分間100メートルのペースで10分間歩き続けるのは、けっこうきつく感じるはずです。くれぐれも無理のないように、**何より「続けること」が大切**です。無理をしないで継続していれば、しだいに目標のペースで歩けるようになり、歩く距離も伸びてきます。

しかし、続けていると、強度のレベルをどんどん上げてしまいがちなので、その際にはペースを落として**「ややきつい」を保つ**ようにします。

また、歩く姿勢も重要です。下の図のように、フォームに気をつけながら、背筋を伸ばして歩いていると、だんだん気持ちよくなってくるはずです。

## 理想的なウォーキング・フォーム

**【「ややきつい」歩きの目安】**

- いつも歩いているより速い
- ちょっと息が弾むが、笑顔が保てる
- 長時間続けられるが、少し不安を感じる
- 5分程度で汗ばんでくる
- 10分程度で、すねに軽い筋肉痛を感じる

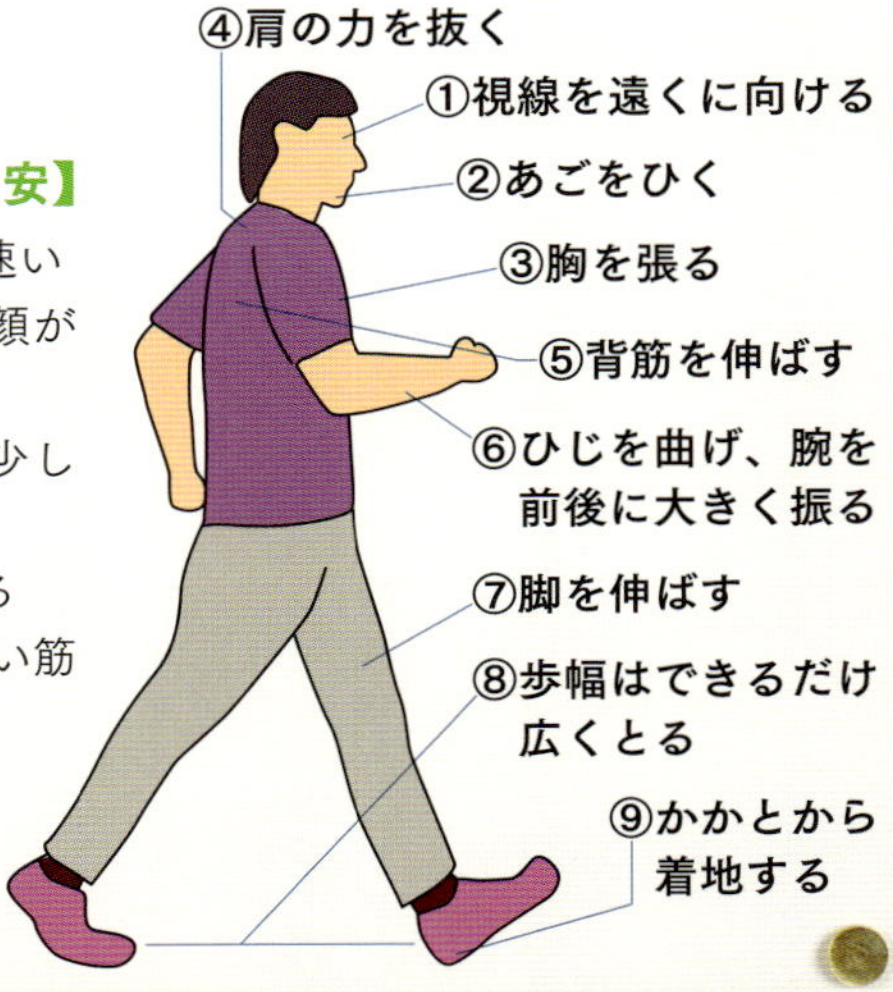
④肩の力を抜く
①視線を遠くに向ける
②あごをひく
③胸を張る
⑤背筋を伸ばす
⑥ひじを曲げ、腕を前後に大きく振る
⑦脚を伸ばす
⑧歩幅はできるだけ広くとる
⑨かかとから着地する

# 04 効果バツグン！「駅の階段」健康法——有酸素運動2



まとまった運動はこの10年間ほとんどやっておらず、駅の階段を上がるだけでも息切れする……といった人は、まず**自宅から駅までの道のりを3分間だけ遠回りする**など、小さなことから始めましょう。

続けていれば、必ず効果が実感できるはずです。

「そういえば最近、駅の階段を上がってもあまり息切れしなくなってきた」と感じたなら、5分間の遠回りをする、ひと駅分歩く、などと徐々にレベルを上げていけば、ゲーム感覚で楽しく運動を続けられるでしょう。

もちろん、レベルを上げるごとに、あなたの体は、どんどん「太らない体」になっていきます。しかし、何度も言いますが**無理は絶対禁物**です。

はじめは「かなりラク」と感じる運動でも、10分、20分と続けるうちに「かなりきつい」と感じるレベルに上がってくることも多々あります。ここで無理せず休むか、ペースを落とすことが肝心です。

なまじ体力に自信がある人は、「非常にきつい」と感じるレベルに達するまでがまんして続行してしまいがちですが、息も絶え絶えで結果的に**「激しい運動」になってしまっては逆効果**です。

# 私が実際に指導した成功例

**保険外交員Aさんの場合（女性・47歳）**

階段をのぼると息切れし、心臓がドキドキする。
そこで、自宅から駅までの往復を運動にあてることにしました。

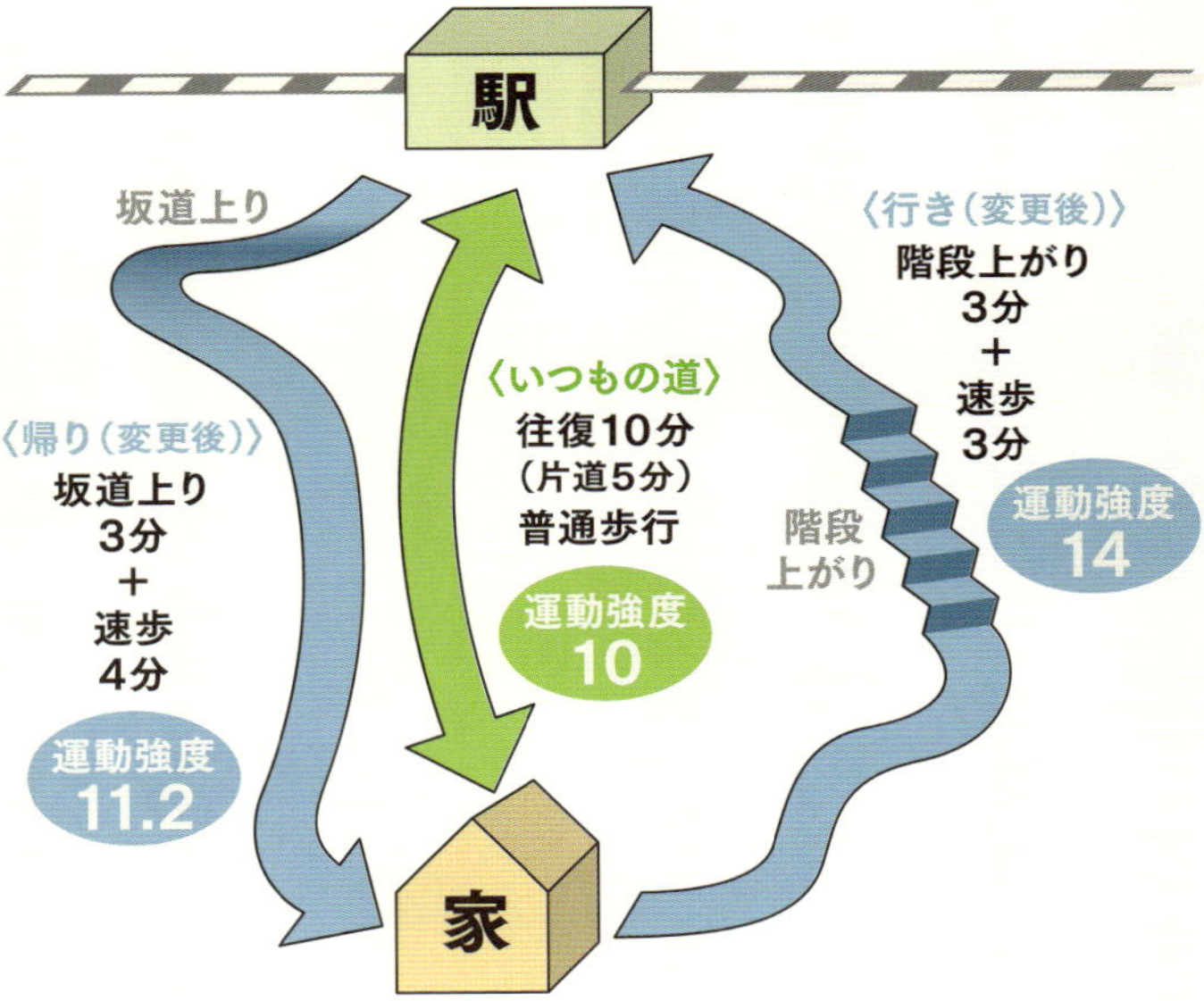

駅
坂道上り
〈行き（変更後）〉
階段上がり
3分
＋
速歩
3分
運動強度
14
〈いつもの道〉
往復10分
（片道5分）
普通歩行
運動強度
10
〈帰り（変更後）〉
坂道上り
3分
＋
速歩
4分
運動強度
11.2
階段
上がり
家


## 従来の通勤の2.5倍近い活動量を確保！

すると……
Aさんは数カ月後、心肺機能が高まり、階段もラクに駆け上がれるようになった！

**【運動強度の計算の仕方】**

- 速歩＝普通歩行の 1.3 倍
- 階段上がり＝普通歩行の 2.5 倍
- 坂道上り＝普通歩行の 2 倍（ただし勾配の程度による）

## 05

# 筋肉の名前は「4つだけ覚える」

## ——筋力トレーニング1



「太らない体」をつくるための「軽い運動」には、筋力トレーニングもあります。

**筋力トレーニングは、基礎代謝量を増やすのに効果的**です。つまり、脂肪燃焼の効率を上げることになります。当然、筋肉量も増えるので、「中年太り」の予防・解消に重要な運動なのです。

基本的な体の動きをつくる筋肉として重要なのは、4カ所の筋肉です（左下図参照）。

40歳を超えるとこれらの筋力は予想以上に低下して、足が上がりにくくなったり、もつれたり、つまずきやすくなったりします。下半身の筋肉は歩くことでも鍛えられますが、筋力トレーニングがもっとも効果的です。

また、最近の研究で、**筋力トレーニングは若返りホルモン「DHEA」の分泌をよくする**ことがわかってきました。DHEAは加齢にともない、だんだん分泌量が減ってくるのですが、軽い筋肉運動をしていれば、その分泌が促されるのです。

**筋力トレーニングは成長ホルモンの分泌も促します。**

成長ホルモンはおもに睡眠中に分泌されますが、筋肉運動後にも分泌されます。筋肉量を増やしたりする作用があって、若返りにも効果があります。

また、運動をすることによって、筋肉からアイリシンと呼ばれるホルモンが分泌されます。これによって、脂肪が、エネルギー産生機能を持つ「褐色脂肪」に変わります。つまり、「脂肪を燃やす体」になるわけです。

さらに、筋肉運動を継続することによって、**骨量が増加したり、男性ホルモン（テストステロン）が増える効果**も期待できます。

運動後に生じる乳酸は、これまで疲労物質と見られてきましたが、最近では人体にとって有益な働きをしていることがわかってきました。乳酸には、ふだん、大気汚染や水質汚染によって知らないうちに摂取してしまっている**「有害金属」を排出させる作用**があります。

40〜50代は、筋肉が衰えはじめる年ごろです。簡単なものばかりですから、すぐにでも始めましょう。

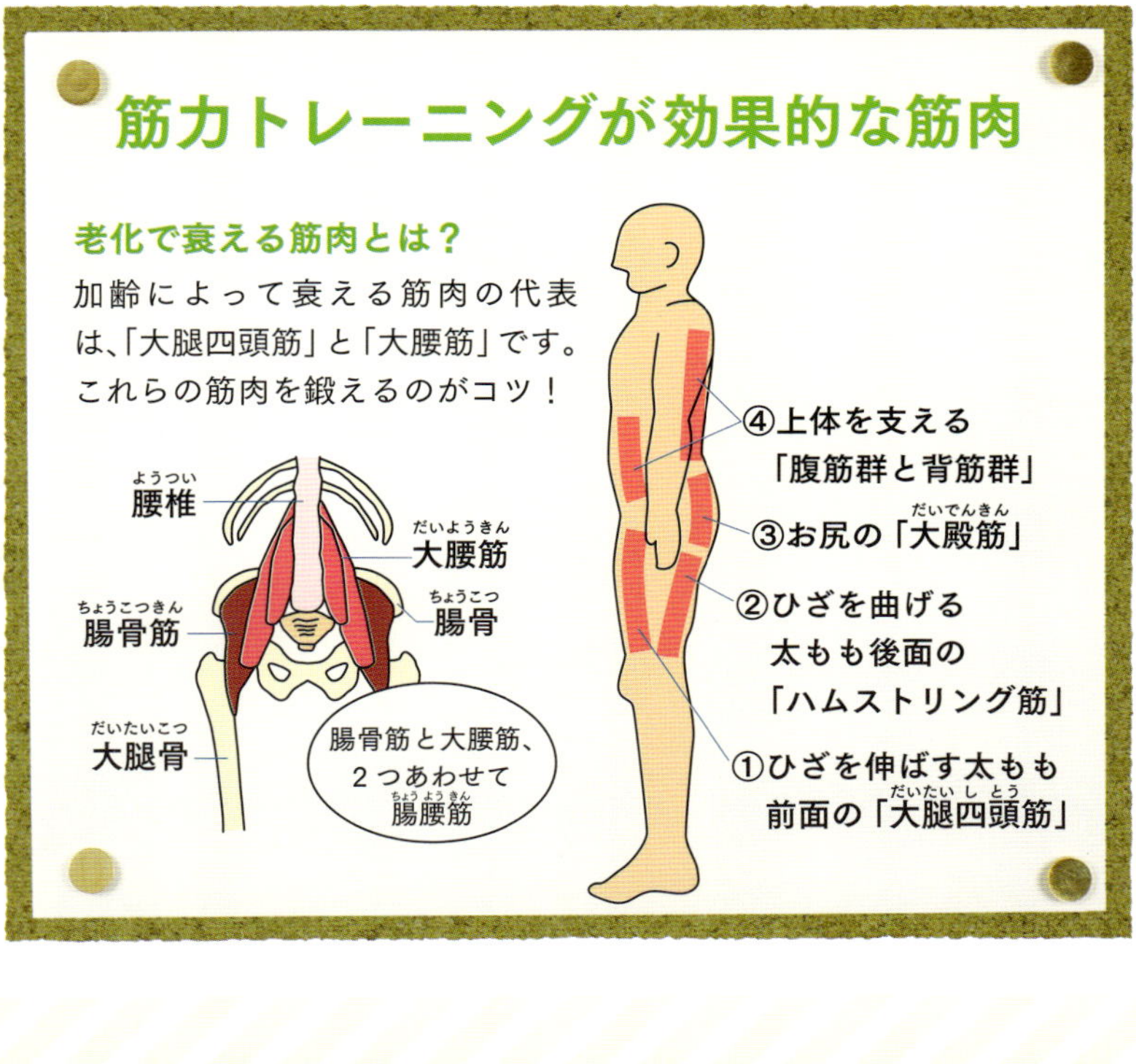
筋力トレーニングが効果的な筋肉
老化で衰える筋肉とは？
加齢によって衰える筋肉の代表は、「大腿四頭筋」と「大腰筋」です。これらの筋肉を鍛えるのがコツ！
腰椎《ようつい》
大腰筋《だいようきん》
腸骨筋《ちょうこつきん》
腸骨《ちょうこつ》
大腿骨《だいたいこつ》
腸骨筋と大腰筋、2つあわせて腸腰筋《ちょうようきん》
④上体を支える「腹筋群と背筋群」
③お尻の「大殿筋《だいでんきん》」
②ひざを曲げる太もも後面の「ハムストリング筋」
①ひざを伸ばす太もも前面の「大腿四頭《だいたいしとう》筋」

# 06 世界一簡単! 自宅ですぐできる「筋トレ」——筋力トレーニング2



筋力トレーニングと言っても、けっしてハードなものではありません。フィットネスクラブに通って、専門家の指導を受けながらマシンなどを使うことを想像するかもしれませんが、その必要はないのです。

生活習慣病予防のための筋力トレーニングは、**「軽い」「簡単」を「続ける」ことが肝心**です。

したがって、むしろ**自宅で行なうほうがいい**のです。

ただし、無理をすると筋肉を傷めて炎症を起こします。有酸素運動にもコツがあるように、筋力トレーニングにもコツがあるのです。

自宅で行なう筋力トレーニングには、51〜53ページのような方法があります。

鍛えるのは「脚」「腕」「お尻」だけ——3つの筋力トレーニングを1セットとして、自分の筋力の程度(筋肉に疲れを感じるまで)に合わせて1〜3セットを週5〜7回。それぞれの動作を、反動をつけないでゆっくりと、呼吸を止めないで行ないます。

ここで、ほんの少しの筋力トレーニングを始め、続けられるかどうか——これが、半年後のあなたの体を、大きく変えることになるのです。

若返りホルモン「DHEA」を分泌させる運動

## ❶ 脚を鍛える！

①
腕と視線は
まっすぐ！
②
真下に下げる
肩幅に開いた足を
「逆ハの字」に開く
90度より浅く
ひざとつま先を
同じ方向に向ける！

①背すじを伸ばして両腕を前に伸ばす。
②背すじを伸ばしたまま、ひざを曲げ、１秒間、姿勢を保ったら、もとの姿勢に戻る。ひざがつま先より前に出ないように注意！
①～②の動作を10回繰り返す。

若返りホルモン「DHEA」を分泌させる運動
## ❷ 腕を鍛える!

1
指先はやや内側に向ける
背すじはまっすぐのまま!
2
腕は直角に曲げる




①ひざを床につけ、両腕を床に対して垂直に伸ばす。ポイントは、両手を肩幅よりやや広めに開き、指先をやや内側に向けること。
②ゆっくりとひじを曲げていき、直角になるまで曲げたら1秒間、姿勢を保つ。ゆっくりともとの姿勢に戻す。
①～②を10回繰り返す。

若返りホルモン「DHEA」を分泌させる運動
## ③お尻を鍛える！

視線はまっすぐ！
背すじを伸ばす！
お尻の筋肉を意識する
真後ろにけり上げる
よりかかりすぎないように


①椅子の背もたれにつかまりながら、３秒間で脚を真後ろに上げていく。
②かかとをいっぱいに上げたところで１秒間、姿勢を保ったら、３秒かけて脚をもとに戻す。
①〜②を10回繰り返す。
背すじを伸ばし、腰の位置を固定したまま行なうことがポイント！

# 07 自分とは思えないほど「やわらかい体」——ストレッチ



「太らない体」をつくるための「軽い運動」の最後は、ストレッチです。

じつは、**「太らない体」は「やわらかい体」**とも言えるのです。有酸素運動にも筋力トレーニングにも、事前・事後のストレッチが欠かせません。

事前のストレッチ（準備運動）は体を温め、筋肉や関節をほぐして動きをよくします。事後のストレッチ（整理運動）は、筋肉の血流をよくし、疲労回復を早めます。

筋肉は加齢にともなって柔軟性が低下し、硬くなってきます。筋肉が硬くなると、関節の動く範囲（可動域）が狭くなり、動かしたときなどに無理がかかりやすく、ケガをするリスクが高くなります。

そこで、ストレッチで筋肉をゆっくり伸ばす——これを繰り返していると柔軟性が高まります。

また、ストレッチを続けることで高血圧が改善される、柔軟性の高い人は動脈硬化度が低い、ということもわかっています。

## ストレッチのリラクゼーション効果

30分くらいかけて全身の筋肉を順番に伸ばしていくと、

脳波にはアルファ波が増加します。ストレッチによって、**ストレスがやわらいで気分も安定し、ホルモンのバランスもよくなり、疲労回復も進む**のです。

ストレスは、正常なホルモン分泌を妨げ、結果的に「太る体」のもととなります。**1日の終わりに、ほんの5分のストレッチで、その日のストレスを解消する。**これも「太らない体」をつくる習慣なのです。

歩くなどの運動前は下肢を中心に、デスクワークの後は下肢・腰を中心に、風呂上がりは腹・背・首を中心に——というように、そのときどきで伸ばす部位を決めて行ないます。

また、どの部位でも、伸ばす筋肉（伸筋）と曲げる筋肉（屈筋）が対になってつくられているので、前後、左右、斜め、ねじりなど、関節の動く方向に動かせば、その部位の筋肉をまんべんなく伸ばすことができます。







## ストレッチを行なう際の注意点！

①反動をつけず、20秒以上かけてゆっくり伸ばすこと。
②伸ばす筋肉や部位を意識して行なうこと。
③痛みがなく、気持ちがよい程度に伸ばすこと。
④呼吸を止めないこと（ゆっくりと深い呼吸をしながら、筋肉を伸ばす）。

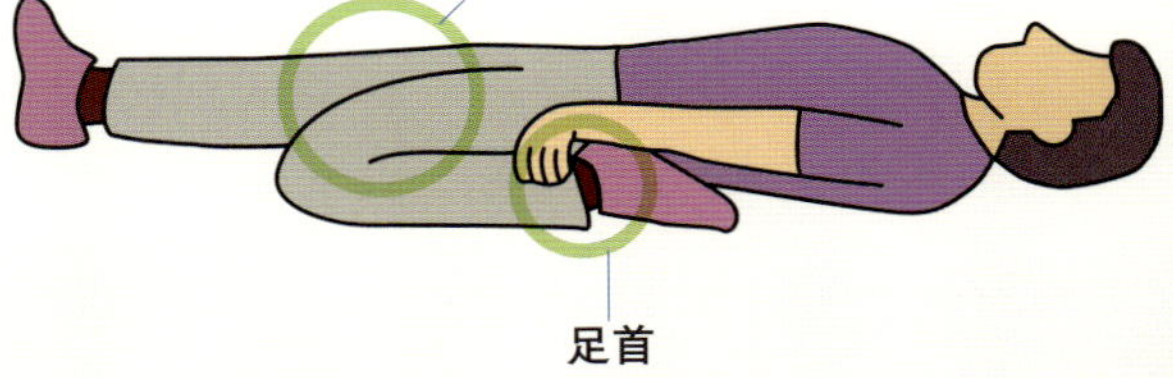

## 疲れない脚をつくるストレッチ
## 運動前❶

前傾姿勢にならないように、
体の軸をまっすぐに保つ
ふくらはぎ・アキレス
腱をしっかり伸ばす！
かかとで地面を５回
押すイメージで

①両腕を伸ばして手のひらを壁につき、両脚を前後に開く
②前脚のひざを曲げ、後ろ脚のふくらはぎ・アキレス腱をしっかり伸ばす
①〜②の要領で、左右の脚を入れかえて行なう



## 疲れない脚をつくるストレッチ
## 運動前❷

かかとを５回、
お尻に引きつける
体の軸はまっす
ぐに伸ばす
太ももの前面を伸
ばすことを意識！

①右手で右足の甲を持ち、かかとをお尻に引き寄せる
②左足も同様に行なう

## 「脚のダルさ」をとるストレッチ
## デスクワーク後 ❶

背すじをまっすぐ伸ばす!

①片脚のひざ下10センチの部分を両手で抱え、胸に引き寄せて、そのまま15秒保つ
②左右同様に行なう（立った姿勢、仰向けに寝た姿勢でも可）

## 「脚のダルさ」をとるストレッチ
## デスクワーク後 ❷

脇腹の伸びが感じられるまで曲げる
体を真横に倒すのがポイント!

①両腕を上げ、左手で右手を引きながら上体を左に曲げて、筋肉の伸びを感じるところで15秒保つ
②反対方向も同様に行なう

## 「疲れない下半身」をつくるストレッチ
## 入浴後 ❶

上体を前に倒す

できる限り引き寄せる

①足の裏を合わせたまま、両手で足を股間に引き寄せ、上体を前に倒す
②この姿勢を20秒ほど保つ



## 「疲れない下半身」をつくるストレッチ
## 入浴後 ❷

背すじを丸めないように注意！

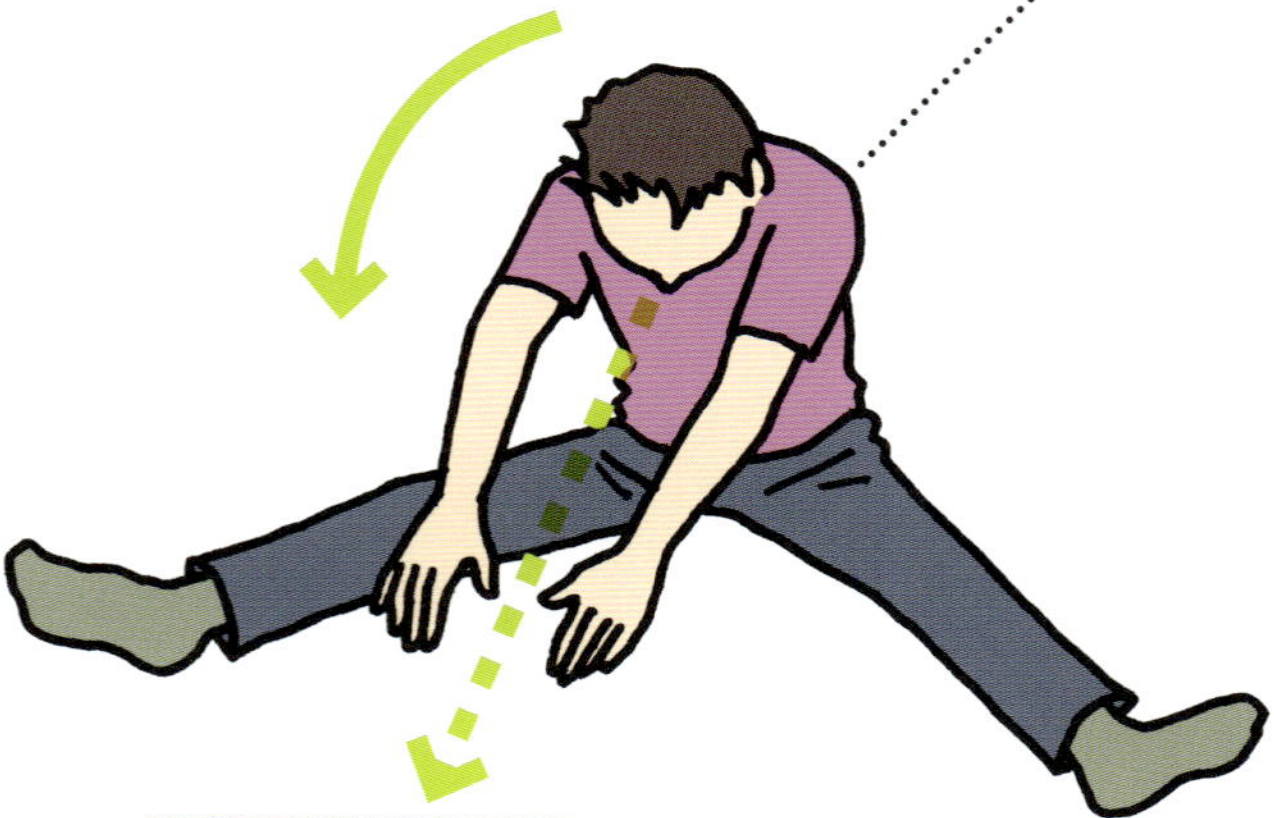

目線は前に向ける

①開脚し、上体を前に倒し、両手をできるだけ前に伸ばす
②この姿勢を20秒ほど保つ

## 「疲れない上半身」をつくるストレッチ 入浴後 ❶

できれば90度以上開く

①開脚し、左腕を上げて上体を右に倒し、右手を左の足先に向かって伸ばしたまま20秒ほど保つ
②反対側も同様に行なう

## 「疲れない上半身」をつくるストレッチ 入浴後 ❷

①足を前に出し、ひざを曲げて座った姿勢から上体を後ろに倒し、床に手をつく
②そのままの状態で、頭を前後に倒したり、左右に回す

上体をやや反らし、腹筋を伸ばすことも意識する

column

# 太っている人ほど「座っている時間が長い」!

「中年太り」を予防・解消できるかどうかに意外と大きくかかわっているのが、運動以外の日常での活動量です。

近年、アメリカの研究者が「肥満の人にくらべて、**肥満でない人は1日350キロカロリーも消費エネルギーが多かった**」と発表しました。

消費エネルギーの差は、「肥満の人が1日のうち立っている時間は373分、座っている時間は571分だった」のに対し、「肥満でない人は立っている時間が526分、座っている時間が407分だった」からです。

1日350キロカロリーも違えば、1カ月で1万500から1万850キロカロリー、1年で12万7750キロカロリーになります。これが体脂肪として蓄積されれば、**1年で14キロも太ってしまう**ことになります。

ですから、肥満を防ぎ、健康を維持・増進するためには、**日常的にチョコチョコと動くことが大切**なのです。

とくに座って行なう仕事に就いている人は要注意です。

# 3章

# 脂肪・贅肉を一気に捨てる「体の大そうじ」

◉「太らない出し方」と「太らない食べ方」

# 01 体の中の「太るゴミ」の正しい出し方



「太らない体」づくりで重要なのは、**「食べること」より、まず「出すこと」**。

つまり、「体の中のそうじ」です。

「体内そうじ」で一番重要なのは、**消化器のリセット**です。小腸、肝臓、すい臓などの消化器は、栄養素を吸収するために働いています。朝・昼・晩の食事だけでなく、間食が多ければ、これらの消化器は休みなく働き、大きな負担を強いられます。

体を傷めつけないためにも、**「間食をやめる」「食事の間隔を十分にあける」**といったことを心がけなければなりません。**食事の間隔は6時間ほどが適切**です。

消化器のリセットは、まさに体に若さを取り戻し、「太らない体」をつくるための体内環境の整備なのです。

そして同時に、**排泄の機能を高める**必要があります。

排泄は後回しにされやすいのですが、排便や排尿、発汗、呼気（吐く息）は、ともに老廃物・有害物を取り除く「体内そうじ」の手段です。

正しく出す方法を知る――これは、「太らない体」をつくる必須条件です。また、排泄機能を高めることは、健康維持にたいへん重要な役割を果たしているのです。

# 「消化器に負担のかかりにくい食事」を心がけよう！

食材が持っていた自然の消化酵素が加熱によって壊され、現代人の食事は、消化しにくい食材が多くなっている。

## 肉類

肉を加熱すると、生肉に含まれていた酵素が壊されて消化しにくくなる。

ステーキなら、ウエルダンよりもレア、タルタルステーキのほうが胃への負担が軽くなる。

## 穀類

米や麦などは、煮炊きするか、パンのように酵母の助けを借りないと消化・吸収できない。

## 野菜 果物

野菜や果物だけで必要な栄養素を満たすのは困難。また、生の野菜や果物は体を冷やすため、体質（冷え性など）によっては食べ方に注意。

## 体内から「有害金属」をドッサリ排出する！

私たちの体には、大気汚染、喫煙、加工食材などによって、知らないうちに「有害金属」がたまっています。**水銀、鉛、ヒ素、カドミウム**などです。

これらは「活性酸素」の大量発生の原因となって「酸化」を進行させ、さまざまな不調や病気を引き起こします。体がやせにくくなるのも、その一つです。

しかし、**有害金属は、大半が便とともに排出されます。**ですから、みそ、納豆、漬け物などの発酵食品ほか、食物繊維をふんだんにとること、そして次項の「マイルド断食」によって、排泄機能を高め、便秘の予防・改善を心がけることが大切です。

有害金属は、汗をかくことでも排出されます。歩くなどの有酸素運動や軽い筋肉トレーニングが有効です。



入浴やサウナで汗を出してもかまいませんが、高温のサウナは危険です。高温サウナで汗をかいて、水風呂につかって、ということを繰り返し、その後に冷えたビールを飲む人がいますが、これは心臓や血管などの循環器に大きな負担をかけています。

**低温サウナや、岩盤浴がおすすめ**です。ゆっくりじっくり温めて、体の奥から発汗させます。ただし、水分を十分に補給して、無理に長時間入らないこと。

入浴も同様に、ぬるめのお湯にゆっくり入り、発汗を促してください。循環器に不安がある人、入浴で疲れやすい人などには半身浴をすすめます。

こうして体の中からきれいになれば、それだけ「太らない体」になれるのです。

また、排泄のほかに、抗酸化物質で「体の錆び」に対抗することも有効です。左の図を参考にしてください。

# 「体の錆び」に対抗する食べ物とは?

## 体の中にたまった毒素をドッサリ排出しよう!

### 発酵食品

みそ、納豆、
漬物、ヨーグルト etc.

### 食物繊維

野菜、穀類(玄米)、
いも、きのこ、海藻 etc.

## この食材が体に効く!

| | |
|---|---|
| 抗酸化物質を含む**野菜** | ニンニク・タマネギ・ニラ・ラッキョウ・ネギ など |
| 抗酸化物質を含む**肉類** | 鶏肉・豚肉 など(脂身を除く) |
| 抗酸化物質を含む**魚介類** | カキ・ウナギ・イワシ・ホタテ など |

02

# 「排泄機能」が一気に高まるマイルド断食



正しく排出するための効果的な方法に、消化器を休ませ、体をリセットする「マイルド断食」があります。

それは、**「満尾式・野菜ジュース」を食事代わりに朝・昼・晩と1杯ずつ飲む**というものです。そして翌日はおかゆなど、消化のよい食事にします。

この**マイルド断食は、「老廃物のそうじ」「体の若返り」に大きな効き目がある**のです。

ただし、この断食は体脂肪率の低い人、心臓などに異常が見られる人には不向きです。体脂肪率が、40～50代の男性で11％以下、同世代の女性で21％以下の方は、行なわないでください。

**野菜ジュースには、生の野菜を使います。**ビタミン、ミネラル、食物繊維がとれますし、果糖もエネルギーになります。また、消化酵素も含まれているので、胃腸に負担がかかりません。

マイルド断食を行なう時期は、春から夏が適しています。理由は、野菜ジュースが体を冷やすからです。

とくに冬は、体が冷えるため、避けたほうが無難です。むしろ、朝食で野菜スープやみそ汁を飲み、体をぽかぽかに温めてから出かけましょう。

## 「満尾式・野菜ジュース」のつくり方

トマト1個
ニンジン1本
緑黄色野菜
ホウレンソウ 1/2束
レタス 3枚
Mix!
飲みにくい場合は、リンゴ（1個）かレモン汁（1個分）を追加。さらにミネラルウォーターを加えれば飲みやすくなる。
or
リンゴ1個
レモン1個分
ミネラルウォーター

# 03 午前中は「食べる」より「出す」に気をつける



体には「日内変動」というリズムが備わっています。これをもとに考えると、1日は「排泄」「消化」「吸収」の3つの時間帯に分けることができ、各時間で食べ方も変わります。おすすめは**「朝は軽く、昼はしっかり、夜は軽く」**です。

**①「排泄」の時間帯（午前4時から正午まで）**

栄養をとることよりも、「排泄」に重きを置きます。

朝食は軽めにし、胃に負担をかけないようにします。おかゆに漬物、それにお茶で十分です。

**②「消化」の時間帯（正午から午後8時まで）**

体がもっとも活発に動く時間帯です。血糖値を上げ、エネルギー補給がされるように、昼食はしっかり食べましょう。

外食が多いなら、魚料理がメインで、漬物、みそ汁などの発酵食品がついた和定食がいいでしょう。**肉が食べたければ、鶏肉**をすすめます。

1週間単位で考えるならば、洋食や中華は週に2日ほどにしておくのがいいでしょう。

### ③「吸収」の時間帯（午後8時から午前4時）

夕食は軽めにすませます。まず血糖値が上がりやすい食べ物――ごはんなどの炭水化物と、砂糖がたくさん含まれた甘いものは、極力控えます。

また、睡眠中は、細胞の傷を修復し、若返りを進めてくれる成長ホルモンが分泌される時間帯です。ところが夜間に血糖値が上昇すると、成長ホルモンの分泌が抑えられてしまうのです。

では、**夜は何を食べたらいいかと言えば、タンパク質の豊富な食べ物**です。

タンパク質は、筋肉をつくる源になります。

魚介類と豆腐・納豆などダイズ食品の組み合わせは、タンパク質食材の最強コンビです。刺身と冷や奴、イカ納豆といった献立を考えてみてください。

「日内変動」のリズムを知ろう
正午
朝食は軽め
昼食をしっかり
排泄
消化
吸収
午前4時
午後8時
夕食も軽め

# 04 「腹八分目の食事で大満足できる」コツ

食べていい量、つまり適切なカロリー量は、その人の基礎代謝量と活動量によって違います（左図参照）。

しかし厳密にカロリー計算をしなくても、野菜と魚を中心にした和食を「腹八分目」で食べていれば、必要量のカロリーはきちんととれるものです。

まずは「腹八分目」を心がけることから始めましょう。**少しもの足りなさを感じるくらいの量を、最低20分かけて食べる**ように心がけてください。

なぜなら、脳に満腹感が生じるのは、食べはじめてから20分ほど経過してからだからです。

そして、大切なのは「よく噛む」こと。

どんな食材でも、**ひと口20〜30回、1回の食事で1500〜2000回は噛む**必要があります。

よく噛んで食べると、食べすぎも、血糖値の急上昇も防ぐことができます。

また、歯ぐきやアゴの筋肉に分布している神経が刺激され、脳の咀嚼《そしゃく》中枢に伝達されます。

よく噛むと唾液の分泌がさかんになることも大きなメリット。唾液は消化を助けるだけでなく、発がん物質の働きを抑える酵素を含んでいるとも言われています。

# 1食のカロリー量を知ろう

## 和食

【定食】

| | |
|---|---|
| 豚肉生姜焼き定食 | 906 |
| てんぷら定食 | 830 |
| ヒレカツ定食 | 814 |
| サバみそ煮定食 | 755 |
| カキフライ定食 | 720 |
| ブリ照り焼き定食 | 720 |

【丼もの】

| | |
|---|---|
| 天丼 | 880 |
| 親子丼 | 690 |
| 鉄火丼 | 620 |

## 洋食

【ごはんもの・パン類】

| | |
|---|---|
| オムライス | 843 |
| カツカレー | 830 |
| ミックスピザ | 720 |
| ハンバーガー | 600 |

【パスタ】

| | |
|---|---|
| カルボナーラ | 895 |
| ミートソース | 680 |
| ナポリタン | 650 |

※ごはん1膳は235

## 中華

【定食】

| | |
|---|---|
| マーボー豆腐定食 | 740 |
| 餃子定食 | 700 |
| 肉野菜炒め定食 | 670 |

【丼もの】

| | |
|---|---|
| チャーハン | 750 |
| 中華丼 | 670 |

【麺類】

| | |
|---|---|
| あんかけ焼きそば | 850 |
| タンタン麺 | 800 |
| 五目焼きそば | 610 |

## 酒

| | |
|---|---|
| 生ビール（大） | 250 |
| チューハイ（中） | 200 |
| 日本酒（1合） | 198 |
| 焼酎お湯割り（5：5） | 88 |
| ワイン（100ml） | 80 |
| ウイスキー（シングル） | 70 |

キロカロリー／日

単位：キロカロリー

（提供：W・クッキングラボラトリー）

**40代男性の「食べていいカロリー量」の平均は2250キロカロリー**

# 05

# GI値――「太る食事」「太らない食事」を見分ける！

**GI値**（正式には、グリセミックインデックス値＝糖化指数）とは、食べた後に血糖値が上がる速度を示した数値です。

GI値の高い食材ほど血糖値を急激に上げ、低い食材ほど血糖値をゆっくり上げます。だから、**「太らない体」をつくるためには、GI値の高い食品を控えめにすることが重要なのです。**

適切なGI値の目安は「60以下」です。ただし、最低限、次のことを知っておけば、いちいち個々の食材のGI値を調べる必要はありません。

- **「肉類」「魚介類」「野菜類（イモ類を除く）」「乳製品」はGI値60を超えない。**
- **多くの「炭水化物」と「砂糖」はGI値60を超える。**

ここで大事なことは、今までより少しでもGI値を減らすことです。意外な盲点は、加工食材や外食、ジュース、缶コーヒーなどの糖分。こうした「見えない砂糖」には、十分に気をつけなければなりません。そうすれば自然に、高GI値食品をほしがらなくなるはずです。

## 栄養バランスがととのった「太らない食べ方」の目安

①使われている食材の「**品目数**」

……1日20品目を食べる

②使われている食材の「**色の数**」

……いろいろな色の野菜を食べる（野菜の色は栄養素を表わしている）

③使われている食材の「**GI値**」

……60以下の食材を選ぶ（白米よりも玄米、食パンよりも全粒粉パンにする）

### GI値と太りやすさ（★の数＝太りやすさ）

| | | |
|---|---|---|
| 穀類 | 食パン（95）★★<br>もち（80）★★<br>白米（70）★<br>トウモロコシ（70）★ | パスタ（55）<br>玄米（50）<br>全粒粉パン（35）<br>ダイズ（15） |
| 野菜 | ジャガイモ（70）★<br>ニンジン（48） | サツマイモ（48）<br>トマト（15） |
| 果物 | バナナ（62）★<br>レモン（15） | リンゴ（39） |
| 乳製品 | ヨーグルト（36） | 牛乳（34） |
| 肉類 | 全般的に45～49 | |
| 魚介類 | 全般的に40前後 | |
| 糖類 | 白砂糖（100前後）★★ | はちみつ（90）★★ |

（提供：国立健康・栄養研究所 杉山みち子ほか）

# 06 「まずは野菜を食べる」が太らない食べ方

「GI値が低い順」――つまり、**血糖値をゆるやかに上げる料理を先に食べる**ということもポイントです。

簡単に言えば、最初に野菜、次にタンパク質をとり、ごはん、ジャガイモなどの炭水化物や砂糖をたくさん使った料理は最後にすることが基本です。

空腹のとき、ごはん、ジャガイモなどのGI値の高い食材を先に食べると、血糖値が急上昇します。そんな食材を先に食べるのは、脂肪をため込む「太る食べ方」です。ですから、メインが「豚の冷しゃぶ」の場合も、ごはんより先に豚肉を食べます。

野菜を先に食べるのがいいもう一つの理由は、野菜に多く含まれる**食物繊維が、糖の吸収を緩やかにする**ということ。野菜を先に食べれば、後から糖質の多い食材を食べても、血糖値が急に上がらずにすむのです。

酢の物であればより効果的です。酢も糖の吸収を緩やかにし、血糖値の上昇を抑えてくれます。

野菜といっても、煮しめやキンピラゴボウなど砂糖を多く使った料理は後回しにします。

食物繊維は、キノコ類や海藻類にも豊富に含まれているため、先に箸をつけるようにしてください。

# 「食べる順番」も重要

**問題**

**ごはん、肉ジャガ、焼き魚、ホウレンソウのおひたし、豆腐とワカメのみそ汁——この献立で、あなたなら何から箸をつけますか？**

正解は、①おひたし、②焼き魚かみそ汁、③ごはんと肉ジャガ。

まずはこの順番にしたがってひと口ふた口、一通り食べる。
その後は、好きなように食べてかまわない。

# 07 レインボーフード——太らない人の「上手な野菜の食べ方」



野菜は、「太らない食べ方」の万能食材です。カロリーや脂質が少ないだけでなく、野菜に含まれる**「ビタミン」「ミネラル」「食物繊維」こそ、「太らない体」をつくるのに欠かせない栄養素**だからです。

ビタミンやミネラルは、「糖質」「脂質」「タンパク質」の三大栄養素がエネルギー源になったり、細胞や器官など体の構成成分になったりするプロセスを、補助・調整しています。

また、食物繊維は糖や脂質などの吸収を調整したり、腸の機能を高めて排泄をスムーズにしたりしています。

また、野菜には、がんや心臓病などの病気のリスクを低下させ、寿命を延ばす働きもあります。

## 賢い野菜のとり方

では、いったい1日にどれくらいの野菜を食べればいいのでしょうか。

**1日350グラム以上、うち120グラム以上を緑黄色野菜にする**——これが厚生労働省の推奨する野菜の摂取量の目安です。

まず、1種類の野菜を大量にとるのではなく、いろい

# 野菜を食べるだけで「病気にならない」

**デンマークのある研究報告**

現在のデンマーク人の平均的な野菜摂取量は1日あたり270グラム。
これを400グラムに増やすと寿命は0.8年延び、がん発症率は19％低下する。
さらに500グラムまで増やすと寿命は1.3年延び、がん発症率は32％低下する。

デンマーク人の平均的な野菜摂取量
**270グラム／日**

| 1日の野菜摂取量 | 寿命 | がん発症率 |
|---|---|---|
| 400グラム | 平均寿命＋0.8年 | 19％低下 |
| 500グラム | 平均寿命＋1.3年 | 32％低下 |

ろな野菜をまんべんなくとることが大切です。

ここで注意したいのは、**野菜の色のバランス。**海外では「レインボーフード」などと呼ばれていますが、**「赤・橙・黄・緑・青・紺・紫」というように、野菜を複数、織り交ぜて食べる**ことをおすすめします。

野菜には、大きく分けて「緑黄色野菜」と「淡色野菜」の2種類があります。

緑黄色野菜は、緑色や黄色といった色が濃い野菜です。老化防止に非常に有効なベーターカロチンが豊富に含まれ、動脈硬化、心臓病、脳卒中、がんなどの予防にも役立ちます。

淡色野菜は、文字どおり色の薄い野菜です。免疫力を高め、動脈硬化やがんのリスクを低下させるビタミンCが豊富に含まれています。

また、ストレスへの対抗力も高め、潤いのある肌をつくる効果もあります。

ビタミンCは加熱すると失われやすいため、なるべく生で食べたいものです。

さらに、**「旬」の野菜をとる**ことも大切です。

ハウス栽培が成立している今では、1年中どんな野菜でもスーパーに並んでいます。でも、「太らない体」をつくるには、やはり**冬には冬の野菜を、夏には夏の野菜を食べるのが一番いい**のです。

したがって、「緑黄色野菜と淡色野菜を複数、組み合わせて食べる」＋「旬の野菜を食べる」――これが「太らない体」をつくる「賢い野菜のとり方」と言えます。

この2点を合わせると、季節ごとに食べるべき野菜が見えてきます。左の図を参考にして、野菜をたくさんとるようにしましょう。

# 春・夏・秋・冬に食べる野菜はこれ！

| 季節 | 緑黄色野菜 | 淡色野菜 | その他 |
|---|---|---|---|
| 春 | ナノハナ<br>ニラ<br>コマツナ<br>アスパラガス<br>オクラ | キャベツ<br>タマネギ<br>タケノコ<br>フキ<br>ウド | ジャガイモ<br>シイタケ |
| 夏 | トマト<br>インゲン<br>ピーマン | レタス<br>ナス<br>ニンニク<br>キュウリ | |
| 秋 | シュンギク | レンコン<br>ナガネギ<br>ゴボウ | サツマイモ<br>ジャガイモ<br>サトイモ |
| 冬 | ニンジン<br>ホウレンソウ<br>ブロッコリー | ダイコン<br>ナガネギ<br>ハクサイ<br>カブ | |

（提供：W・クッキングラボラトリー）

# 08 「ワカメのみそ汁」——体がスッキリする簡単メニュー



食物繊維は74ページで述べたように、「太らない体」をつくるとともに、健康維持にも欠かせない栄養素です。では、1日にどれくらい、どのようにして食物繊維をとればいいのでしょうか。

厚労省が推奨する**食物繊維の摂取量は、成人で1日19〜20グラム。**「わずかな量」と思うかもしれませんが、じつは、食材の量にすると相当な量になります。

野菜にも食物繊維は含まれていますが、1日の適量である350グラムを食べても、食物繊維は19〜20グラムに達しない場合が多いのです。

たとえば、乾燥の切干しダイコンなら100グラム中に20グラム強の食物繊維が含まれていますが、調理すると3倍以上にカサが増します。これは、およそラーメンどんぶり山盛り1杯分。とても1日に食べられる量ではありません。

そこで、もっと効率的に食物繊維をとれる食材があります。それは、**キノコや海藻類。**かさばらないので量がとれます。キノコは、けんちん汁や鍋物にします。海藻類は、サラダ、みそ汁（ワカメ）、ヒジキ煮などにして食べるとよいでしょう。

# “太らない体＝若い体”を保つための栄養素「食物繊維」のすごい役割

**①噛む回数を増やし、唾液の分泌をよくする**
——消化の促進、肥満の予防

**②消化液（すい液、胆汁）の分泌量を増やし、働きをよくする**
——消化の促進

**③腸内の有害物質の排出を促す**
——便秘の予防、がんの予防、美肌

**④腸内細菌のバランスをよくする**
——整腸、免疫力アップ、感染防御

**⑤便を軟らかくし、量を増やす**
——整腸、便秘の予防・改善

**⑥血糖値の急上昇を防ぐ**
——「糖化」の抑制、肥満や糖尿病の予防・改善

**⑦血中コレステロールの上昇を防ぐ**
——脂質異常症の予防・改善、動脈硬化の予防

09

# 「1日1個の卵」がなぜ、こんなにも体に効くか



卵を食べるとコレステロール値が上がる——。

長い間、広く信じられてきた「常識」ですが、じつは間違っています。

1960年代にアメリカで、卵黄はコレステロールが多いとして、健康のために卵を控えるべきだという考えが広まりました。しかしそれ以降、数々の研究や実験が重ねられ、人間の体ではコレステロールの上昇は見られないことが確かめられています。

人間の血中コレステロールのほとんどが肝臓でつくられているため、食材中のコレステロールが、そのまま血中コレステロールとなる割合は少ないのです。

逆に、**毎日数個の卵を2週間食べつづけた結果、血中コレステロール値が下がった**という結果も出ているほどです。

卵は、人間に必要な20種のアミノ酸をほぼ完璧なバランスで含んでいる、数少ない優良食材です。老化防止になる抗酸化物質も含まれていて、「体の錆び」を落としてくれます。

ですから「太らない体」をつくるために、**卵を1日1個**、安心して食べてもらいたいものです。

一番いい卵の食べ方とは？
消化器への負担が少ない「半熟ゆで卵」「温泉卵」がおすすめ！
半熟ゆで卵
温泉卵
ゆで卵
生卵
玉子焼き
スクランブルエッグ
加熱によって卵黄が酸化するので避けたほうがいい
【卵１個の体の中での消化時間】
半熟卵：１時間半
生卵、ゆで卵：２～３時間
玉子焼き：３時間以上

# 10 「太らない油・オリーブオイル」のすごいパワー



「植物油は体にいい」と信じている人も多いようですが、植物油なら何でも「体にいい」というわけではありません。

マーガリンは植物性の油ですが、**植物性だからといってマーガリンが安全とは言えない**のです。

マーガリンは、化学的に水素を足して、油を固形にしています。その結果、自然界には存在しない脂肪（トランス脂肪酸）が副産物として混じることになり、これが体に有害なのです。

アメリカでは発がん性があるとして規制されていますが、日本では菓子パンやケーキなどの原材料にマーガリンが使用されています。マーガリンに限らず、市販の植物油はほとんどが、有機溶剤を使用した抽出法によってつくられています。

**本当に「体にいい油」は、オリーブオイル、ゴマ油**など、昔ながらの製法でつくられた植物性油です。

パンにつけるなら、マーガリンよりもオリーブオイルのほうが健康的です。

また、オリーブオイルを常食していると、血液中の善玉コレステロールが増え、悪玉コレステロールが減ってきます。これが動脈硬化の予防につながります。

実際、オリーブオイルを常食している地中海沿岸の人には、心臓病が少ないのです。日本でもオリーブの産地である香川県小豆島《しょうどしま》では、多くの人たちがいつまでも黒々とした髪を保っています。彼らはいつまでも若々しいということです。

ほかにもオリーブオイルは、胃酸の分泌過多を防ぎ、腸での栄養素の吸収を助けます。オリーブオイルを常食したら、糖尿病の患者さんの血糖値が下がったという報告もあります。さらには乳がんや前立腺がんを抑制するという報告もあるなど、**オリーブオイルは、植物性の油の中ではもっとも体にいい油**と言えそうです。

オリーブオイルの中でも、香りの高いエクストラバージンオイルは酸化が少ないうえ、抗炎症作用や強力な抗酸化作用のあるビタミンEを含み、おすすめです。

## 11

# 「白米・食パン・白砂糖」が太るもとだった！

**白米、食パン、白砂糖は、「太りやすい体」をつくる三大元凶**です。

逆に、精製されていない穀物には、「太らない体」をつくるうえで、さまざまなメリットがあります。

まず、精製されていない穀物は、たいてい食物繊維が豊富です。加えて、玄米には精神を安定させるビタミン$B_1$とストレスを緩和するカルシウムが多く含まれ、黒米や赤米には、強い抗酸化作用を持つポリフェノールが含まれています。

また、小麦の全粒粉には血圧を正常化するカリウム、動悸《どうき》や息切れを改善する鉄が多く含まれています。

精製されていない穀物は、精製された食べ物――「白い食べ物」よりも硬いため、**「噛む回数」が必然的に多くなる**というのも利点です。

「太らない体」をつくるには、**ごはんなら玄米や胚芽米、パンなら全粒粉パン、砂糖なら黒砂糖をとる**ようにしてください。

白米に食物繊維が豊富な大麦を加えるのも一つの方法です。人によって好みがありますが、白米に2割ほど入れるとおいしいと言われています。

# なぜ、「白米・食パン・白砂糖」が太る元凶なのか

稲穂
麦
黒砂糖
白米
食パン
白砂糖
穀物の表皮を削ってつくるため、表皮に含まれているビタミンやミネラルがそぎ落とされてしまう。

**軟らかく、消化・吸収のスピードが速い**

↓

**血糖値が急激に上がる**

↓

**糖化＝「体脂肪」のもと！**

column

# 「太らない体」は「長生きする体」
## ――長寿遺伝子の働き

食事量（カロリー量）を制限すると、いつまでも若く生きられる――。アメリカのマサチューセッツ工科大学のレオナルド・ガレンテ教授が1991年から始めた動物実験の結果です。

通常カロリー量の6～7割の餌をマウスに与えつづけたところ、寿命が延びたのです。そのマウスは毛並みのつやがよく、またシワも少なく、もちろん、肥満も起こしていなかったそうです。それは、細胞内に存在する長寿遺伝子（Sir2遺伝子）の働きが活発になったからです。

この長寿遺伝子は、人間の細胞内にも存在するので、**食事のカロリー量を減らすことで人間も寿命が延びる可能性が高い**、と報告されています。

実際、カロリー量の低い野菜をたくさん食べる地域では、がんや生活習慣病にかかる人が少なく、元気で長生きの人が多いという調査報告があります。日本一、男性が長生きする県・長野県がその代表例でしょう。

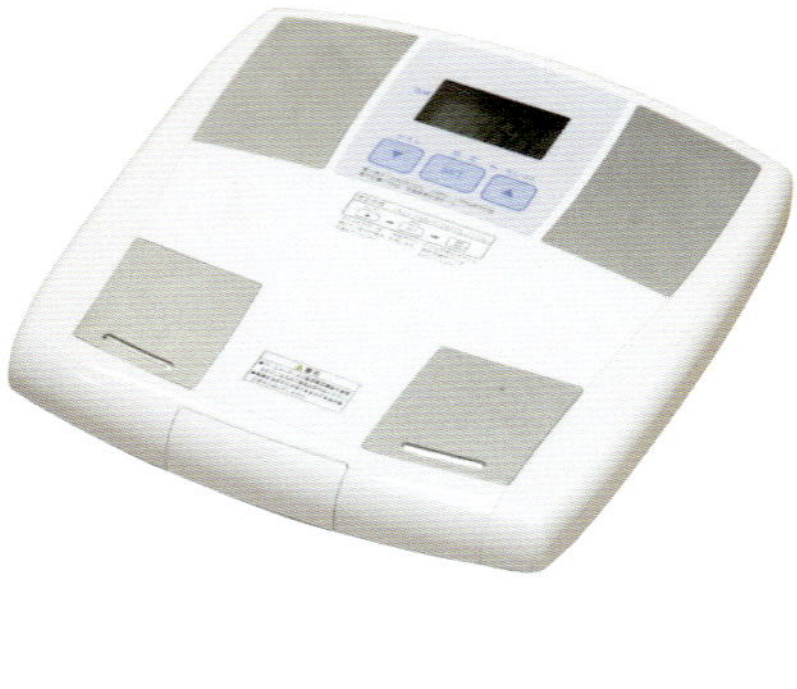

# 4章

# 忙しい人・疲れやすい人「熟睡・快眠のコツ」

◉「グッスリ眠れる人」は若く見える！

# 01 「よく寝る人ほど太らない」不思議メカニズム

「よい眠り」は、ダイエットにつながります。

一般に、「6時間から8時間、グッスリ眠る」のがよいとされますが、もっと大切なポイントがあります。

「よい眠り」の条件は、**夜の10時ごろから午前2時ごろまで深い眠りに入っている**ことです。

じつはこの時間帯に深く眠っていると、老化を抑える働きを持つ「成長ホルモン」がもっとも活発に分泌されるからなのです。

**成長ホルモンは、寝ながらにして美容もダイエットもかなえてくれる**ホルモンです。「よい眠り」を得る最大の目的はここにある、と言っていいでしょう。

睡眠時間を6時間以上とってグッスリ眠っていても、午前1時から寝ていては分泌が少ないので、ダイエットの効果は期待できません。また、夜10時に寝ても、寝つけなかったり、深い眠りが少なかったりすれば、やはり成長ホルモンの分泌量は少なくなります。

働きざかりの40代は仕事やつき合いで、夜10時に寝るのはなかなか難しいかもしれません。しかし、この章で紹介する眠り方のコツを知っておけば、「よい眠り」ができるようになるのです。

# 「成長ホルモン」の分泌がカギ

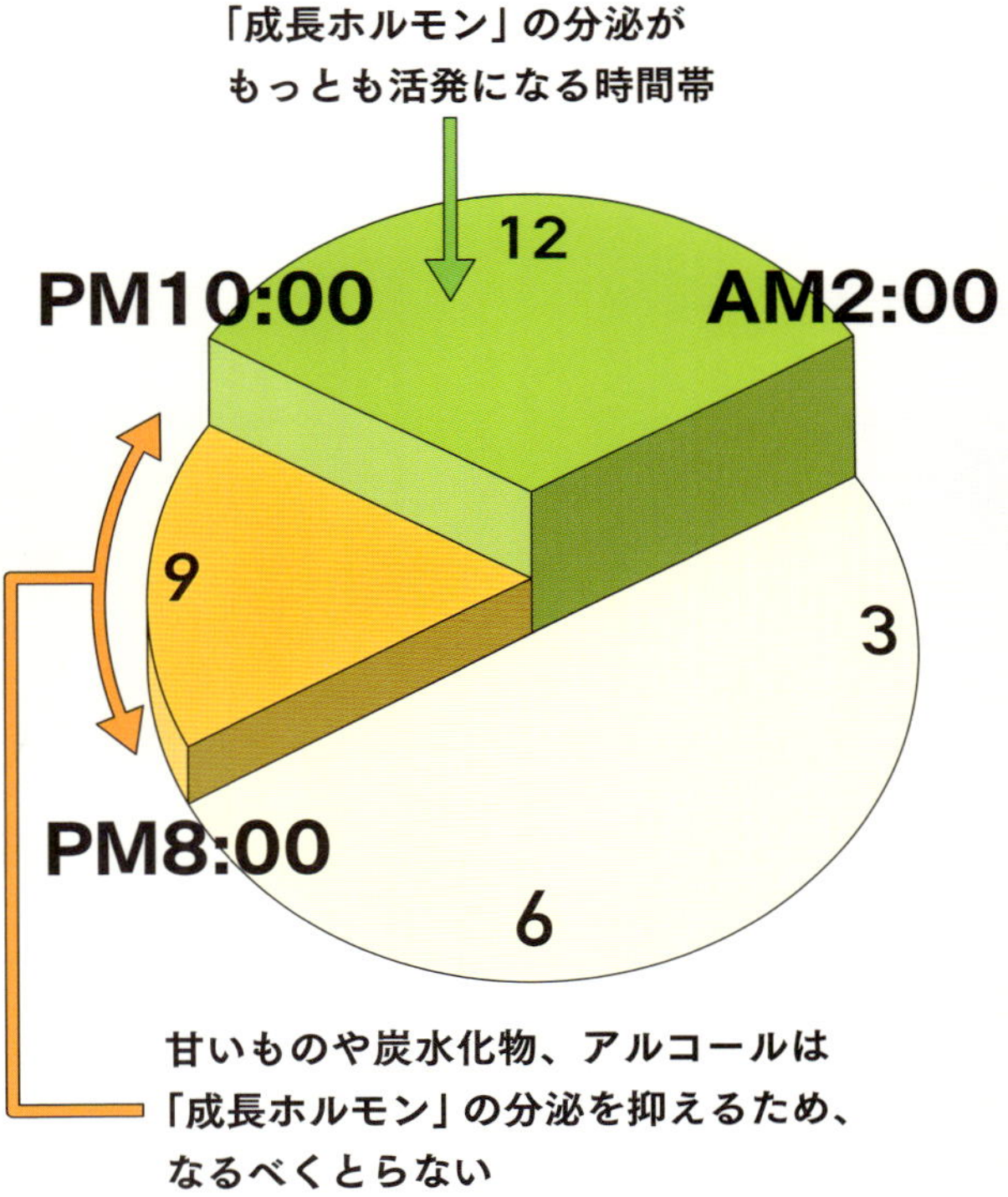
「成長ホルモン」の分泌が
もっとも活発になる時間帯
PM10:00
12
AM2:00
9
3
PM8:00
6
甘いものや炭水化物、アルコールは
「成長ホルモン」の分泌を抑えるため、
なるべくとらない

# 02 「快眠＋若返り食材」を食べよう

通常、人は夜になると眠り、朝になると起き、日中に活動するというリズムで生活しています。

これを**「睡眠・覚醒リズム」**と言います。

体はこのリズムに合わせて、夜は休息モード、日中は活動モードになっています。夜遅くまで活動したり、朝遅くまで寝ていたりすると、「睡眠・覚醒リズム」が崩れてよく眠れなくなってしまいます。

この大切な「睡眠・覚醒リズム」をつくっている物質の一つが、**「セロトニン」**です。

セロトニンは、脳内で情報を運ぶ神経伝達物質で、太陽の光を浴びたり、運動をしたりすることによって分泌が進みます。そして**暗くなると、誘眠ホルモン「メラトニン」に変換される**というわけです。

この**セロトニンの敵は、ストレス**です。

過度なストレスを受けるとセロトニンの働きが悪くなり、「よい眠り」「よい目覚め」が妨げられます。それで、睡眠トラブルが起こったり、うつ状態になったりします。

「快眠＋若返り」のためには、**日中に太陽の光を浴びる**ことに加え、セロトニンをつくる食材を意識的に食べるようにしましょう。

## 快眠＋若返りの食材

**【豆製品】** 豆腐など

**【発酵食品】** みそ、納豆、
ヨーグルトなど

**【炭水化物類】** ごはんなど

**【果物類】** バナナなど

**強力なのは、**
**【肉類】と【魚類】**

- 肉類には、必須アミノ酸が含まれている。これは体内ではつくれないので、食事でとらなければならない
- 魚類には、タンパク質の代謝をよくするビタミンB6が多く含まれている

03

# 「寝る時間を決める」と眠りがグンと深くなる！



寝つきが悪く、よく眠れない人は、「明日の夜11時に寝たいので、明日の朝は6時に起きる」というように考え方を変えてみてください。

「早寝早起き」というより、「早起き早寝」を習慣にするのです。

これは、**誘眠ホルモン「メラトニン」の性質を利用して、寝つきをよくする方法**です。

メラトニンの分泌量は午前2時から4時にピークに達し、朝になると減少し、日中は少ないままで、夜になると徐々に増加していきます。

ただ、メラトニンが増えはじめる時刻は、じつは一定しているわけではありません。**太陽の光が、メラトニンが分泌されはじめる時間を決めている**のです。

メラトニンは毎朝、起きて太陽の光を浴びた瞬間に、その時刻から14〜16時間後に増えはじめるよう、自動的にセットされます。たとえば、太陽の光を浴びる時刻が朝6時ならば夜8時から10時に、朝8時ならば夜10時から12時に増えはじめ、眠気を催します。

したがって、**朝起きたら必ず太陽の光を浴びる**こと。雨の日でも外に出れば太陽の光を浴びたことになります。

# 「太らない睡眠サイクル」のつくり方

12
11
1
10
2
9
3
8
4
7
6
5
起きる時間から逆算
12
11
1
10
2
9
3
8
4
7
6
5
寝る時間から逆算
「太らない睡眠サイクル」はこっち!
朝起きたら必ず太陽の光を浴びる
メラトニンは起床の14〜16時間後に分泌されはじめる

# 04 太らない体をつくる「頭のいい週末睡眠法」

人にはみな、「体内時計」があります。時計と言っても、1日24時間の本当の時計と異なり、体内時計は1日25時間（もっと長い人もいる）で回っています。

そのため私たちは、毎朝、太陽の光を浴び、目の神経を通る光の情報をキャッチすることで時間をリセットし、24時間の生活リズムに合わせています。

じつは、**誘眠ホルモン「メラトニン」の分泌をコントロールしているのが、体内時計**なのです。

ですから、休日の朝も、いつも起きている時間に太陽の光に当たって、体内時計をリセットする必要があります。ふだん、朝7時に起きているなら、いったんはその時間に起きて太陽の光に当たること。眠り足りないときは、昼間に20分程度の仮眠をとればいいのです。

その日の事情で起床時間をコロコロと変えていたのでは、メラトニンが正常に働く「睡眠・覚醒リズム」が身につきません。

また、遅く寝た翌朝にいつもの起床時間を守ると、日中に眠くなりますが、そこでダラダラと昼寝をしてしまうと、夜、寝つけなくなるので要注意です。

# 「睡眠・覚醒リズム」を身につけるための三原則

①睡眠時間が短くなっても起床時間を変えない

②いつもと同じ時刻に起きて太陽の光に当たる

③どうしても昼寝が必要なら20分程度に

**毎日、体内時計をきちんとリセットし、ズレを修正する！**

# 05 「睡眠リズム」を活用するだけで、体も心も軽くなる！



いつでも「よい眠り」を確保し、「太らない体」の基礎をつくるには、**「睡眠リズム」**も無視できません。

そもそも睡眠は、「レム睡眠」と「ノンレム睡眠」がワンセットになり、90分周期で4～5回繰り返されて目覚めに至ります。

**「レム睡眠」は、体を休めるための浅い眠り**です。体は眠っているのに、脳は活動しています。その代表的な役目の一つは、心のメンテナンスです。体を休めている間に、悲しみや怒りといった感情や精神的なストレスをやわらげているのです。

一方、**「ノンレム睡眠」は、脳を休める睡眠**であり、その代表的な役目は、体のメンテナンスです。脳を休めている間に、脳の神経回路の調整、皮膚や筋肉の修復、免疫機能の強化などを行なっているのです。

ノンレム睡眠はレム睡眠よりも深い睡眠ですが、その中にも「浅い眠り」と「深い眠り」があり、睡眠時の前半は「深いノンレム睡眠」が多く、後半は「浅いノンレム睡眠」が多くなります。

左の図にあげたことに注意しながら、睡眠のバランスをよくすることが必要なのです。

## 熟睡を邪魔する「5つの壁」

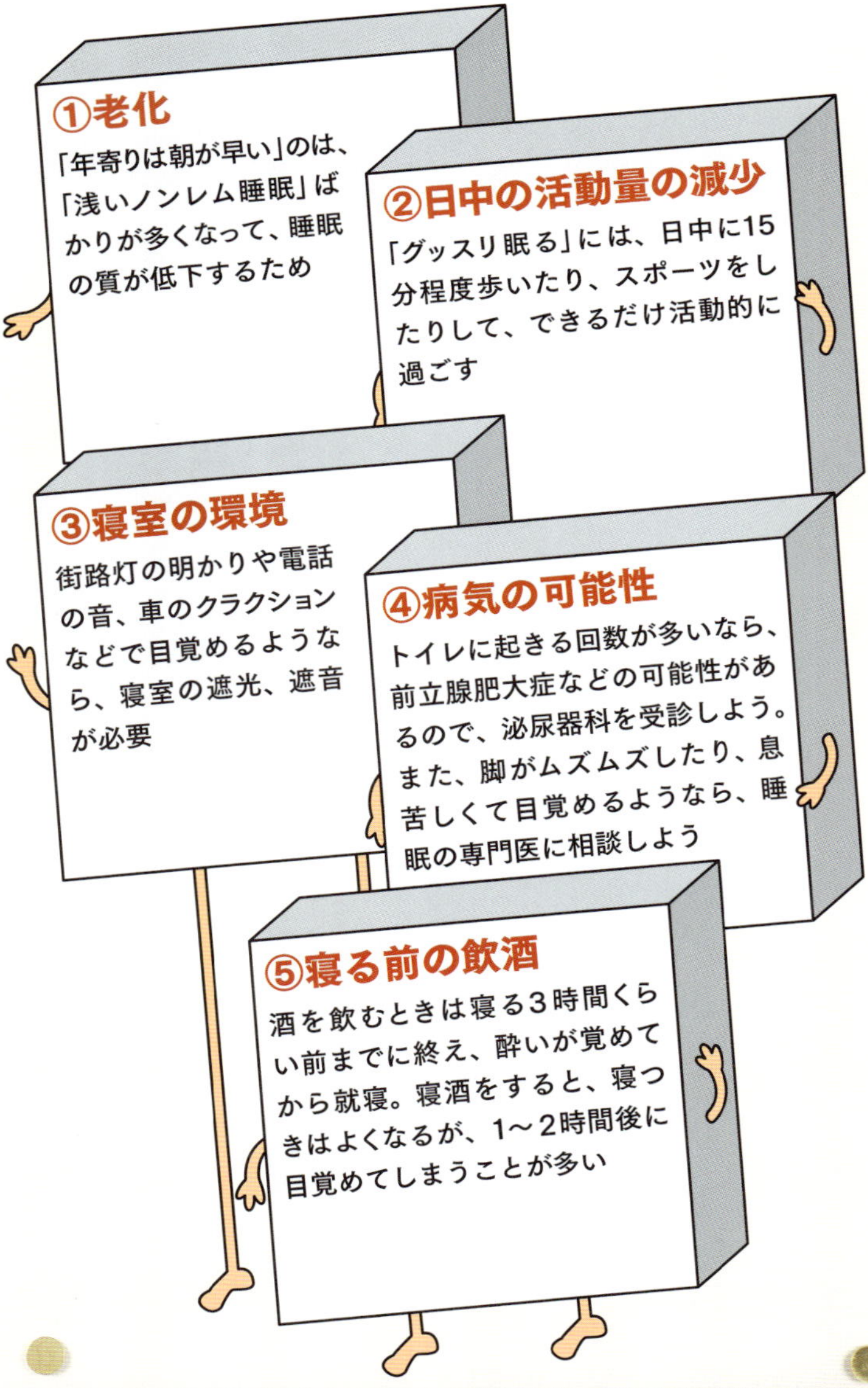
①老化
「年寄りは朝が早い」のは、「浅いノンレム睡眠」ばかりが多くなって、睡眠の質が低下するため
②日中の活動量の減少
「グッスリ眠る」には、日中に15分程度歩いたり、スポーツをしたりして、できるだけ活動的に過ごす
③寝室の環境
街路灯の明かりや電話の音、車のクラクションなどで目覚めるようなら、寝室の遮光、遮音が必要
④病気の可能性
トイレに起きる回数が多いなら、前立腺肥大症などの可能性があるので、泌尿器科を受診しよう。また、脚がムズムズしたり、息苦しくて目覚めるようなら、睡眠の専門医に相談しよう
⑤寝る前の飲酒
酒を飲むときは寝る3時間くらい前までに終え、酔いが覚めてから就寝。寝酒をすると、寝つきはよくなるが、1～2時間後に目覚めてしまうことが多い

## 06

# 「グッスリ眠ってスッキリ起きる」室温とは？



いつでも「よい眠り」を得るには、眠るときの適温にも気をつけたいものです。その適温とは、**ふとんの中で33度。**暑くもなく、寒くもなく、心地よい温度です。

なぜ、この温度が適温なのでしょうか。

**睡眠の第一の役割は、脳のオーバーヒートを防ぐこと**です。そのために、体温を下げて脳を冷やします。

体は皮膚から放熱して血液を冷やし、これを循環させて体温を下げます。つまり、活動と休息のリズムに合わせて体温は上下し、活動しているときは高く、寝て休息しているときは低くなります。

逆に言えば、体温が下がると眠くなるということです。**体温が下がったとき、誘眠ホルモン「メラトニン」の分泌がさかんになります。**メラトニンと体温は互いに影響しあって、眠りをつくっているのです。

適温より低いと、体は、冷えすぎるのを防ぐために、筋肉を緊張させて熱をつくります。逆に、適温より高いと、体は汗をかいてしまって体温を効率よく下げることができません。すると、寝つきが悪くなってしまいます。

ですから、ふとんの中を、体が放熱するのに適した温度に保つことが大切なのです。

「眠るのにちょうどよい温度」は？
室温の目安
夏
室温
25～27度
冬
室温
18～20度
ふとんの中
33度
湿度　50～60%
エアコンだけでなく、
除湿器や加湿器も上手に使おう！

## 寝る前の10分で「ストレスをゼロにする」!



睡眠は、最高のストレス解消法です。グッスリ眠れば、心の不安や悩みはやわらぎ、体の疲れは回復します。

しかし、逆にストレスが「よい眠り」を妨げる最大の要因になることも、多々あります。

強いストレスがあると、睡眠不足になり、ますますストレスがたまってしまうのです。

ストレスをやわらげるのにもっとも有効なのは、**何もしない「自分だけの時間」を持つこと。**外界からの刺激を完全にシャットアウトする時間を持つことで、ストレスはやわらげられます。それには、寝る前の10分間、音楽も本もなしで、頭の中ができるだけ「からっぽ」になるように過ごしましょう。

よりよい眠りのためには、寝る前に、このような効果的なストレス緩和法を行なうことが大切です。

この「自分だけの時間」におすすめしたいのが、腹式呼吸です。呼吸は自分でコントロールができ、速くしたり、遅くしたり、長くしたり、短くしたり、深くしたり、浅くしたりと、自在にできます。

また、人は呼吸によって、体外から酸素を取り込むだけでなく、体内の老廃物や二酸化炭素を排出しています。**呼吸は、排泄や汗をかいたりするのと同じように、「体のそうじ」の手段**でもあるのです。

深く正しい呼吸をするだけで、血液の巡りがよくなり、肩こりも改善し、疲労は早く回復します。心身ともリラックスしてストレスは軽減し、心が安定してきます。

座禅や瞑想も、腹式呼吸が基本です。筋肉を伸ばして緊張をほぐすストレッチも、腹式呼吸で行なうと、リラックス効果がいっそう高くなります。

# 「口から吐く」長い腹式呼吸法

①口をすぼめて、ゆっくりと息を吐く（呼気）
お腹をへこませ、お腹の底から空気を少しずつ、すっかり吐ききる。吸気の２倍くらい長く行なうのがコツ。
②ゆっくりと鼻から息を吸う（吸気）
お腹をふくらませ、お腹の底に空気をためるように、深く吸い込む。
口から吐いたほうが、より長く吐ききることができる！
←背筋を伸ばす
正座でも、椅子に座った場合でも、姿勢よく!!
お腹に手を当てる→
思いつくたびに何回でも、1日トータルで 10～20分程度になるまでやってみよう！

column

# 安眠の敵「ブルーライト」と上手につき合おう



睡眠の質を左右するものとして、**「ブルーライト（青色光線）」**の功罪についての研究が進んでいます。

ブルーライトとは、スマホやPC画面など、LEDディスプレイから発せられる青色光のこと。これを浴びると人間は覚醒モードのスイッチが入ります。

日中に浴びるのであれば、覚醒によって脳の機能がスムーズになるという一面もあります。

しかし、深夜までテレビを見たり、PC画面を見つめていると、眼から入ったブルーライトが脳に働き、睡眠導入物質であるメラトニンの放出を妨げてしまいます。

最悪の場合、睡眠障害の原因にもなるので、注意が必要です。

とはいえ、忙しいビジネスマンなど、夜にPC画面を見なければいけない人も多いでしょう。

そんなときは、**ブルーライトを減らすことのできる眼鏡も登場している**ので、それらを装着することをおすすめします。

# 5章

# 「体にいいこと」だけをやりなさい！

◎「健康が詰まった1錠のサプリ」の活用法

## 01

# あなたにサプリが必要な本当の理由

「太らない体」をつくるには、サプリメントの力を借りる手もあります。なぜサプリが必要なのかと言うと、**食材の栄養価が、以前より低下している**からです。

とくに野菜の栄養価は50年前に比べて8分の1から20分の1に落ちている、と言われています。

また、野菜のビタミンやミネラルは、収穫されて時間が経つほど失われるので、スーパーマーケットに並んだときには、かなり栄養価が落ちています。

さらに、千切りなどの加工をしただけでも、ビタミン、ミネラルはかなり失われてしまうのです。

そこで、足りない栄養素を狙って補えるサプリメントの出番になります。

ただし、**栄養素の中には、とりすぎないほうがいいものもある**ので、サプリメントを利用する際には注意してください。

食べ物の消化、吸収、排泄に個人差があるように、サプリメントの効果の出方も、人それぞれだと思ってください。もっと言えば、**効果を実感できるものが、自分の体が必要としていたサプリメント**と言えます。「効果がないと思われるもの」を続ける必要はありません。

# 太らない体をつくる「サプリメント」活用法

## サプリメントを利用する３つの目的

①食事で不足しがちな栄養素を補う
②体の「酸化」を食い止める（「体の錆び」を落とす）
③不足して体の不調を招いているホルモンを補う

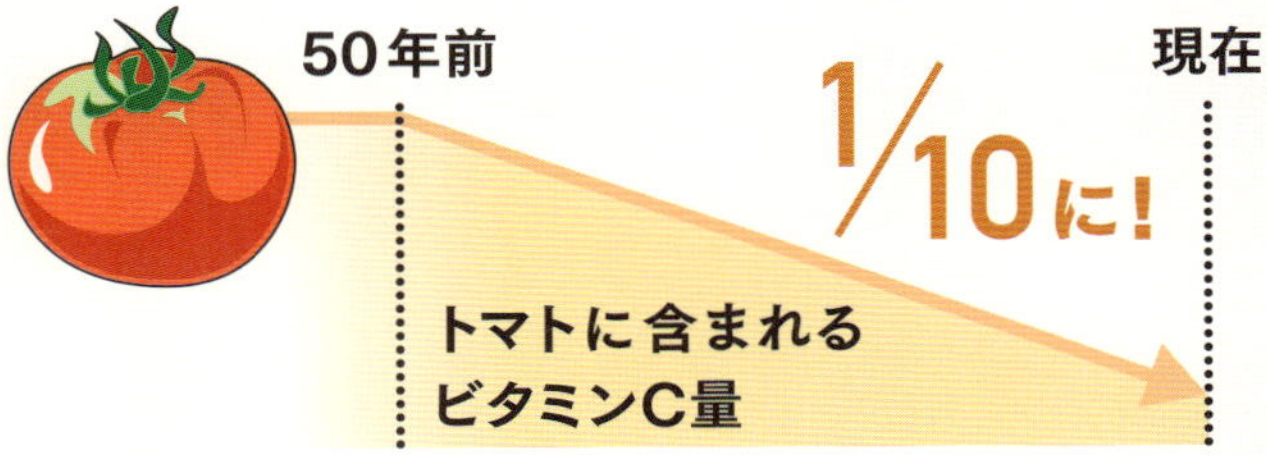
50年前
現在
1/10に！
トマトに含まれる
ビタミンC量

## サプリメントを効果的に使うには

- なるべく天然素材のものを選ぶ
- ラベルに書いてある目安量を守る
- 薬を常用している場合には主治医に相談する

薬と違って飲むタイミングが明確に決められてはいないが、食事の際に飲むのがおすすめ。とくにベーターカロチンやビタミンEは、油といっしょにとると吸収率がよくなる。

02

# 40代の必須サプリ——「マルチビタミン」「マルチミネラル」とは？

あなたに足りていない栄養素は何でしょうか。

不足している栄養素を特定するには、かなりくわしい検査が必要ですが、それほど厳密に考えることはありません。

健康診断の結果や日々の生活状況から、起こりやすい体調不良、気がかりな心身の変化を探り、それに対応する栄養素のサプリメントを選べばいいのです。

まずは「マルチビタミン」「マルチミネラル」を基本として、生活状況や体調などに応じて「必要と思われるもの」を追加するのがベストです。

**「マルチビタミン」「マルチミネラル」は、必要なビタミン、ミネラルをすべて調合**した、非常に便利なサプリメントです。すべての種類のビタミンが十分に揃ってはじめて、体は正常に働くからです。

もちろん、気がかりな症状はさまざまな要因で生じるので、ビタミン、ミネラル不足だけが原因とは限りません。ただし、**多くの場合は、ビタミン、ミネラルを補給することによって改善します。**老化現象を一つひとつ潰して、「太りにくい体」づくりがスムーズにいくよう、サプリメントの力も借りましょう。

# ビタミン、ミネラルを味方につける！

## ビタミンの効能

| | 栄養素名 | おもな効能 |
|---|---|---|
| 水溶性 | ビタミン$B_1$ | 疲労回復を早める。糖質（炭水化物）の分解を助ける |
| | ビタミン$B_2$ | 肌を健康に保つ。脂質の分解を助ける |
| | ビタミン$B_6$ | 中枢神経の働きを正常に保つ。タンパク質や脂質の分解を助ける |
| | ビタミン$B_{12}$ | 赤血球の生成を助けて悪性貧血を予防する。腰痛・肩こりの緩和 |
| | ナイアシン | アセトアルデヒドを分解して二日酔いを予防・緩和。糖質・脂質・タンパク質の分解を助ける |
| | パントテン酸 | ストレスへの抵抗力を高める。ビタミンＣの働きを助ける |
| | ビオチン | 肌や髪を健康に保つ。アトピー性皮膚炎の緩和 |
| | 葉酸 | 胎児の先天性発育不全を予防する。赤血球の生成を助けて悪性貧血を予防する |
| | ビタミンC | 活性酸素を除去する。コラーゲンの生成を助け、ハリのある肌を保つ |
| 脂溶性 | ビタミンA | 目の角膜や皮膚の乾燥を防ぎ、夜盲症などを予防する。活性酸素を除去する |
| | ビタミンD | カルシウムの吸収を助ける。筋肉の収縮を助け、けいれんなどを防ぐ。免疫力アップ |
| | ビタミンE | 血液をサラサラにする。活性酸素を除去する |
| | ビタミンK | 出血時に早く血を止める。カルシウムの流出を防ぎ、骨を丈夫にする |

## ミネラルの効能

| | 栄養素名 | おもな効能 |
|---|---|---|
| 必須構成元 | カルシウム | 歯や骨を形成する。イライラを抑える |
| | マグネシウム | 収縮した筋肉の弛緩を助け、けいれんや心筋梗塞などを防ぐ。骨内のカルシウム量を調整する |
| | カリウム | 血圧を正常に保つ。筋肉や心臓の収縮を正常に保つ |
| 必須微量元素 | 亜鉛 | タンパク質の分解を助ける。精子形成を活発にし、生殖能力を高める。抗酸化酸素（SOD）の成分となる。視力低下予防。皮膚の健康促進 |
| | 鉄 | 酸素を細胞に運ぶ血液中のヘモグロビンの成分、酸素を貯蔵・運搬する筋肉中のミオグロビンの成分となる |
| | ヨウ素 | 成長期の発育を助ける。糖質などの代謝を助ける |
| | マンガン | 抗酸化酵素（SOD）の成分となる。種々の酵素を活性化させる |
| | 銅 | 鉄の働きを助ける。歯や骨の形成を助ける |
| | モリブデン | 鉄の働きを助ける。薬剤や異物の代謝に重要な役割を果たす |
| | クローム | 糖質、コレステロールや脂質の代謝を助ける |
| | セレニウム | 活性酸素を除去する。心臓障害のリスクを低減する |

# 03 「酢豚にパイナップルを入れる」医学的な理由



胃腸をつねに正常に働かせることも、「太らない体」づくりには必要です。

食材では、パイナップル、パパイア、アボカドなどが消化を助けます。酢豚にパイナップルを入れるのは理にかなったアイデアで、パイナップルに含まれるタンパク質分解酵素が、豚肉の消化を助けてくれるのです。

**胃もたれがするときは、第一に「食べ方」に気をつけることが大切**です。

胃液には「胃酸」と「消化酵素」が含まれていて、食べものを消化するには両方がバランスよく分泌されなければなりません。ただし、ピロリ菌（胃潰瘍や胃がんの原因になる）によって胃酸のペーハー（酸性度またはアルカリ性度を計る単位）が変わり、消化が遅くなり、不快症状を起こしている可能性もあります。慢性的に胃の調子がよくない人は、ピロリ菌の除菌を考える必要があるので、消化器の専門医に相談しましょう。

胃の次は腸です。**腸内環境を整えるには、「乳酸菌」「ビフィズス菌」「納豆菌」のサプリメント**を使います。とくに乳酸菌は毎日補給することが重要です。便を出すことによって腸内環境がリセットされるからです。

## 「太らない体」の絶対条件

きちんと食べ、消化・吸収し、きちんと出すために……

①胃もたれや胸焼けを解消すること

②腸内そうじを習慣づけること

**腸内細菌のバランスは、全身状態や、老化の進行に深くかかわっている！**

**健康な腸内環境**

＝善玉菌の多い状態

茶色く、ほどよい軟らかさ（見た目の感じが、チューブの歯磨き剤より少し硬めで、形がある程度）で、あまり匂いもせず、水に浮くような便が出る。

**不健康な腸内環境**

＝善玉菌の少ない状態

便秘がちで、黒っぽく、匂いも強く、硬くて水に沈むような便が出る、あるいは下痢をする。

# 04 「太らない」だけでなく「臭わない」体も実現！



「太らない体」をつくる際、消化・吸収を担う胃腸以外に大事なところがあります。

それは、歯です。

きちんと噛めなければ、消化・吸収も正常にできず、きちんと「出す」こともできません。意外な盲点となりやすいのですが、歯の健康を保つことも、「太らない体」につながっているのです。

**40代になったら気をつけてほしいのは「歯周病」**です。

歯周病の大きな原因の一つは、口の中に生息する細菌です。

したがって、歯周病予防の第一は、細菌の発生と繁殖を防ぐ「歯磨き」です。

近年、**「プロポリス」の成分を含んだ歯磨き剤**に、歯周病菌の繁殖を抑制する効果があることがわかってきました。

私のクリニックでは、このプロポリス歯磨き剤をおすすめしています。

また、虫歯が原因で歯ぐきの炎症や歯肉炎が起こっている場合は、体を錆びさせる「活性酸素」が大量に発生しているので、抗酸化物質もいっしょにとりましょう。

# 成人の約８割が歯周病にかかっている！

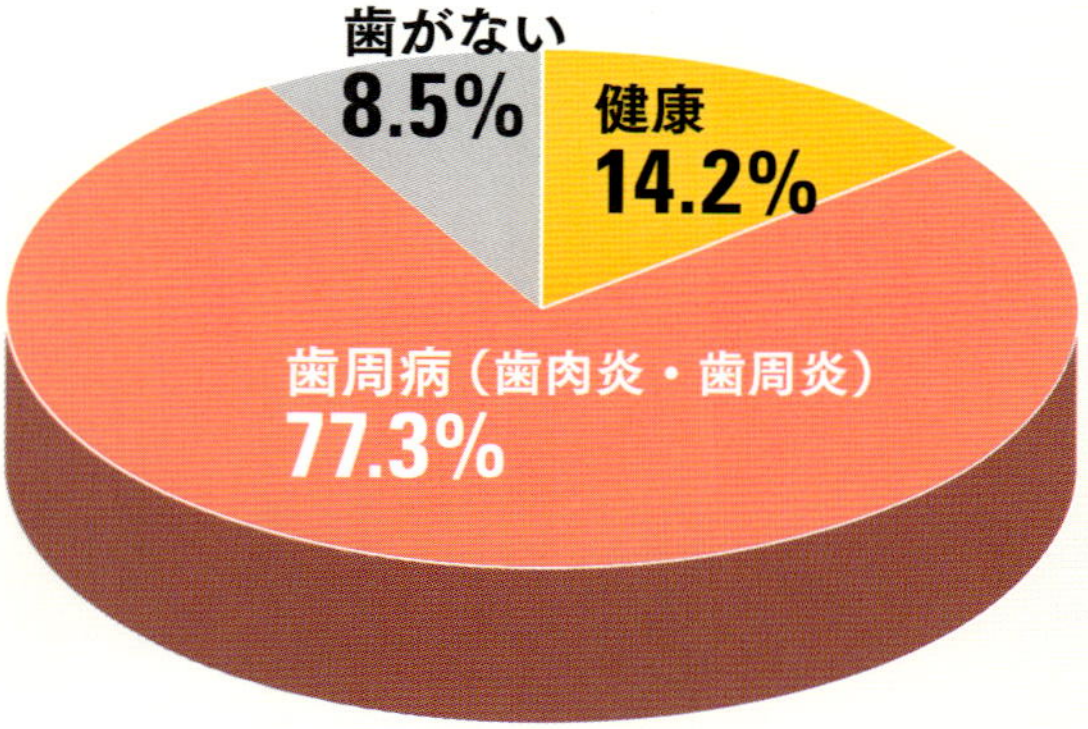
歯がない
8.5%
健康
14.2%
歯周病（歯肉炎・歯周炎）
77.3%

（参考：厚生労働省『歯科疾患実態調査』）

## おすすめは「プロポリス歯磨き剤」

殺菌効果により歯《し》槽膿《そうのう》漏《ろう》や歯肉炎を予防し、口臭予防にもなる

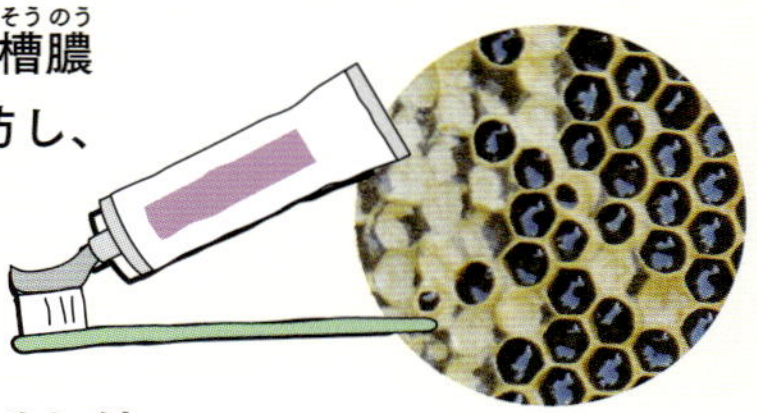

歯の健康を保つためには、

**ビタミン$B_6$、葉酸をとるのも効果的！**

### 【歯ぐきの血流をよくするサプリメント】

３つのうちのどれかを利用すればよい

**ルンブルキナーゼ**
アカミミズから発見された、血栓を溶かす作用を持つ酵素

**ＥＰＡ**
（エイコサペンタエン酸）
イワシやサバなど青魚に多く含まれている

**ＤＨＡ**
（ドコサヘキサエン酸）
イワシやサバなど青魚に多く含まれている

05

# ビタミンB群で「何歳になっても太らない体」！



40代を迎えると、ひざなど関節痛に悩まされる人も多いことでしょう。

**関節痛は、筋力の衰えが原因**です。そうなると、動くことがどんどんおっくうになり、簡単な運動すらも苦痛になります。

言うまでもなく、**そのまま放っておけば、老化と肥満がセットであなたの体を襲います。**

いくつになっても軽い運動くらいはできるように、筋力の衰えを防ぐサプリメントと、関節の痛みをやわらげるサプリメントをおすすめします。

筋力を支配しているのは、男性ホルモンです。ホルモンの血中濃度の検査で、次項で説明する若返りホルモン「DHEA」や「テストステロン」のレベルがかなり低いような場合は、サプリメントでホルモンを補う必要があります。

また、中高年になると、神経から筋肉への情報伝達に時間がかかるようになり、とっさの反応が遅れて転倒したりします。それは「タンパク質の糖化」が原因になりやすいので、**糖代謝を助けるビタミンB群のサプリメントをとることも重要**です。

# 何歳になっても活動的でいられるサプリメント

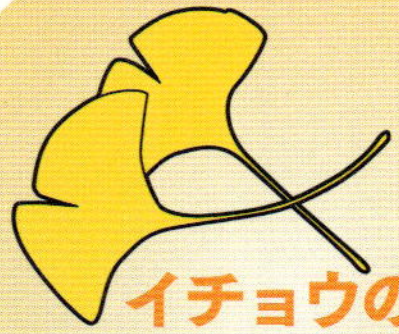

## イチョウの葉エキス

神経系の血流をよくし、
運動能力の向上に役立つ。

## コンドロイチン、グルコサミン硫酸

ひざの関節に痛みや違和感がある人におすすめ。コンドロイチンはサメのヒレ、グルコサミン硫酸はエビやカニに多く含まれている。

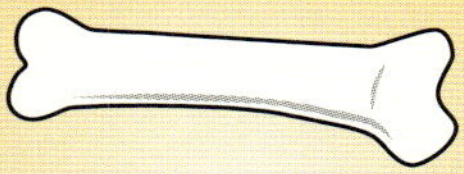

## コラーゲン「UC-Ⅱ」

鶏の軟骨から抽出された天然成分で、関節の痛みに有効。

06

# 若返りホルモン「DHEA」はサプリでもとれる!

歩く速度が以前に比べて遅くなった気がする。駅の階段を上ると息切れがする。姿勢が悪くなった……。

これらは、筋力低下の兆候です。

また、以前は月に数回、映画館や芝居に出かけていたのに、最近は足が遠のいてしまった。おいしい店があると聞けばすぐに行っていたのに、ここ数カ月はグルメ歩きをしていない。外出着に気をつかわなくなった……という変化があった場合、意欲の低下が生じているのかもしれません。

こうした症状に、あなたも心あたりはありませんか。

男性ホルモンの血中濃度が減少すると、筋力の低下が起こり、「何かをしよう」という意欲や「がんばろう」という気力が失せていきます。うつ病に似た症状が出る場合もあります。

そのような人には、**若返りホルモン「DHEA」のサプリメントと、栄養バランスを整える「マルチビタミン」「マルチミネラル」を合わせて飲む**ことをおすすめします。

なお、DHEAは専門医の指導のもと服用するようにしてください。

## 40歳を過ぎたら ヤムイモ効果で若返り!

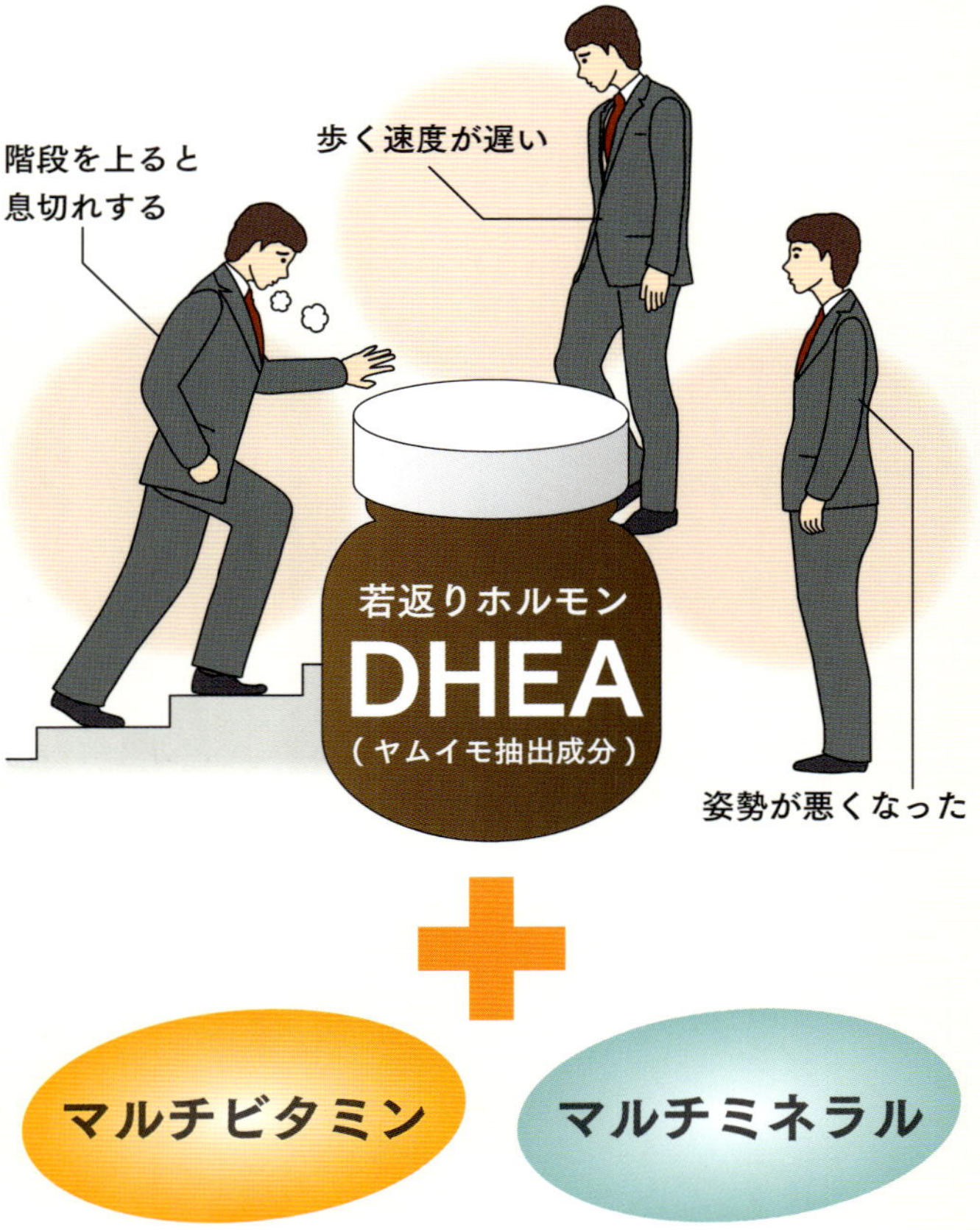


### ヤムイモって何?

ヤムイモは根を食用とするヤマノイモ科ヤマノイモ属の総称。熱帯から温帯にかけて世界各地に700種近く存在している。日本の「自然薯《じねんじょ》」や「ナガイモ」も、じつはヤムイモの仲間。

# 07 ビタミンを超えたビタミン ——「ビタミン$D_3$」の威力

最新のサプリメントの話題で外せないのが、「ビタミンD」です。メタボ対策として注目されています。

従来は骨の健康への働きしか注目されていませんでしたが、**ビタミンDが多い人ほど内臓脂肪がつきにくい**ことがわかってきたのです。「太らない体」を目指すうえでは聞き逃せない話題ではないでしょうか。

ビタミンDは、**日光浴で補充することが可能**とされています。夏ならば、半袖・半ズボンで週に2回、30分間日光浴することで、ほぼ十分な量が補充できます。

食事で補給することも可能です。ただ、栄養士さんにビタミンDの話をすると、決まって「干しシイタケを食べましょう」ということになりますが、残念ながら人体が必要としているのは、動物性のビタミン$D_3$です。食材で効率よくビタミン$D_3$を補給できるのは、魚です。中でも、**サケはもっとも効率よくビタミン$D_3$をとれる魚**と言われています。

日ごろから日光を浴びることを意識し、肉よりも魚中心の食生活であれば十分だとされていますが、日に当たらない、魚を食べない人は、サプリメントのお世話になるのが一番の解決策です。

# 「ビタミンD不足」の現代人が食べておくもの

## ビタミンDは、ホルモンに匹敵するほどの重要な役割を持つ!

近年の研究で、免疫力の調整、がんの予防、神経疾患の予防、うつ病の予防など、全身の機能のさまざまな分野に影響があることがわかってきた。

### 【ビタミンDを多く含む食材】

(可食部100gあたり含有量)

| | | | |
|---|---|---|---|
| しらす干し(半乾燥品) | 61.0μg | 紅鮭(焼き) | 38.4μg |
| 真イワシ(丸干し) | 50.0μg | サンマ(焼き) | 15.9μg |
| ニシン(身欠きにしん) | 50.0μg | サバ(水煮缶) | 11μg |

(参考:『日本食品標準成分表2010年版』)

### 【ビタミンDの1日の必要量】(IU:国際単位)

| 摂取基準 | 目安量 | 上限量 |
|---|---|---|
| 成人(男女) | 5.5μg(220IU) | 50μg (2000IU) |

(参考:厚生労働省『日本人の食事摂取基準2010年版』)

# 08

# 「最近、歳だな」と思ったら「コエンザイムQ10」



「錆止め」、すなわち抗酸化物質には、じつに多くの種類があります。

抗酸化ビタミンとしては、ベーターカロチン、ビタミンC、ビタミンEが知られています。これらの栄養素は、野菜を十分に食べていれば、だいたいとれます。

そのうえで「錆止め」の食材としておすすめしたいのは、ＥＰＡ（エイコサペンタエン酸）、ＤＨＡ（ドコサヘキサエン酸）を多く含む青魚（イワシやサバなど）です。魚をあまり好まないのであれば、ＥＰＡ、ＤＨＡをサプリメントで補いましょう。

40代のすべての人、とくに左の「問診票」に当てはまる人には、**「体の錆び」に直接的に働く抗酸化サプリメント**をぜひ利用してほしいものです。

抗酸化サプリメントとしては、**「コエンザイムQ10」「アルファリポ酸」「ポリフェノール」**が知られています（１２２・１２３ページ参照）。

そのほかに、サケやエビ、カニなどに多く含まれる赤い色素「アスタキサンチン」や、マウスによる実験で寿命延長作用が注目されている「レスベラトロール」などがあります。

# 問診票

## あなたの体は錆びていませんか？

——該当する項目があったら「抗酸化サプリメント」を

- □ ほぼ毎日、3時間以上の残業をしている人
- □ 神経を張りつめる仕事をしている人
- □ スポーツクラブで定期的にスポーツをしている人
- □ 健康診断などで血圧や血中コレステロール、血糖などの値が高いと指摘された人
- □ 日焼けの後にシミが残りやすい人
- □ 人や物の名前が出てこず、「アレ、ソレ」という代名詞が多くなった人
- □ 速足で歩くと息が切れたり、足がもつれたりする人
- □ 性欲が1カ月以上起こらない人
- □ 家族に口臭を指摘されたことがある人
- □ ベッドに入って30分以上寝つけない人
- □ 食後、胃のあたりに不快感がある人

# 抗酸化サプリメント

## ポリフェノール

植物に含まれる色素。フラボノイドとノンフラボノイドに分けられ、前者は赤ワインの「アントシアニジン」、お茶の「カテキン」、後者はゴマの「リグナン」などが知られている。その抗酸化作用は、抗がん、抗菌、抗ウイルス、心臓病予防とさまざま。毎日一定量を確実にとるには、サプリメントが必要。

## ピクノジェノール

40種類以上のポリフェノールが結合している天然成分。抗酸化力はビタミンCの340倍、ビタミンEの170倍もある。フランス南西部に生育する「フランス海岸松《かいがんしょう》」の厚い樹皮に多く含まれている。

**抗酸化力の強さでは「ピクノジェノール」がおすすめ!**

## 「体の錆び」に直接的に働く！

### コエンザイムQ10

体内でエネルギーをつくる際に必要な栄養素。心臓の血液循環を促し、筋肉にエネルギーを供給し、運動能力を高める。40歳前後から急激に不足しやすくなる。イワシ、サバ、ウナギ、牛肉に含まれるが、微量なのでサプリメントで補うといい。

### アルファリポ酸

脂肪酸の一種。神経組織を保護し、糖尿病による神経障害の予防効果がある。水銀などの有害重金属の排出の作用もある。ジャガイモ、ホウレンソウ、トマト、ニンジンなどに多く含まれるが、一定量以上をとるなら、サプリメントが適している。

# 09 「血管の汚れ」をスッキリ取る法



**体内でとくに「錆止め」をしたい箇所が、血管**です。

血管は、全身にくまなく張り巡らされたライフラインで、60兆個もの細胞に栄養と酸素を届けています。

若いときはツルツルしてきれいだった血管の内壁も、歳を重ねるにつれて有害金属などがこびりつき、弾力を失ってきます。あるいは、傷んでもろくなります。

この**「血管の老化」を止めて機能を守ることは、体の若さを保つうえでもっとも大切な条件**です。

血管のケアで今、アメリカで関心が高まり出したのが**「キレーション治療」**です。

それは、強力な抗酸化作用を持つキレート剤（有機化合物「EDTA」というアミノ酸）を、ビタミン、ミネラルとともに1時間半以上かけて点滴して、体内に蓄積している有害金属（「活性酸素」の大量発生の原因）を体外に出してしまうものです。

とくに、一度なったらなかなか元に戻らないとされていた動脈硬化が、キレーション治療によって著しく改善したのです。男性患者の中には、加齢臭が消えた、という人もいます。これは副産物ですが、体が若返った何よりの証拠です。

# アンチエイジング医療の最先端「キレーション治療」

「活性酸素」の攻撃でダメージを受けた血管を修復し、確実に若返らせるという、生活習慣病の新しい治療法

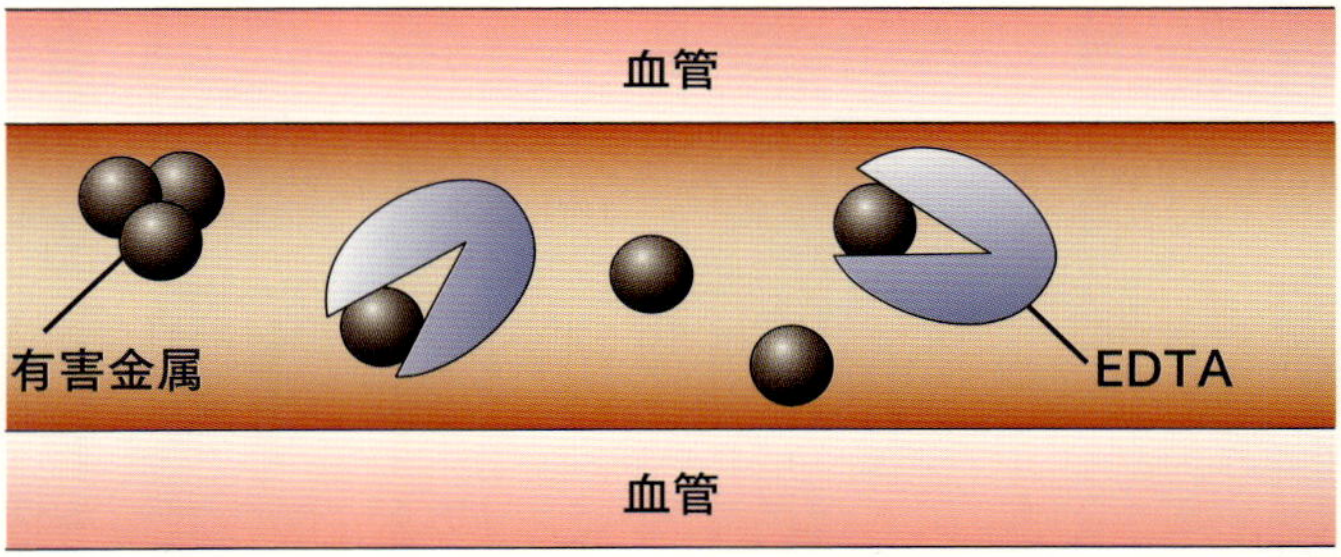


キレート剤（ＥＤＴＡ）が血中の有害金属をつかんで尿とともに体外に出している。

【キレーション治療に有効な疾患】

・細胞の老化防止
・高血圧の改善
・脳梗塞、心筋梗塞、その他の心臓疾患の改善
・変形性関節症の改善
・血管の硬化や細胞の石灰化の防止
・骨粗しょう症の改善
・神経障害、記憶力減退、老人性痴呆予防と改善
・黄斑《おうはん》変性症、緑内障などの眼病

# 10 不老長寿のホルモン「メラトニン」を使いこなす



4章で紹介した「グッスリ眠る方法」は、**食材やサプリメントによって、誘眠ホルモン「メラトニン」の分泌量を増やせばより効果的**になります。

メラトニンには、質のよい眠りをつくるという作用のほか、さまざまな老化防止作用があります。そのため、メラトニンは「不老長寿のホルモン」と言われています。

まず注目すべきは、**強力な抗酸化作用**です。

同じ抗酸化物質でも、ビタミンCは水にだけ溶け、ビタミンEは油にだけ溶けますが、メラトニンは水にも油にも溶け、「体の錆び」の元凶である「活性酸素」にも有効なのです。

また、体の免疫機能を担う抗体（免疫グロブリンA）やNK（ナチュラルキラー）細胞が増加することもわかっています。**メラトニンが、体の免疫力を高めてくれるのです。**

さらに、高かった血中コレステロール値が下がった、血圧が正常レベルに下がったという研究報告もあります。

ただし、メラトニンの分泌はさまざまな要因に左右されるので、サプリメント服用に際しては専門医に相談したほうがいいでしょう。

# 「よく眠れない人」は、メラトニンが不足している！

寝つきが悪い、夜中に目が覚める、朝早く目が覚めてしまう、眠りが浅い……といった悩みがある人は「メラトニン」を補給！

## メラトニンの分泌量を増やす食材

トウモロコシ、玄米、ダイコン、バナナなど……メラトニンそのものを多く含んでいる

鶏肉、卵、牛乳など……メラトニンをつくる材料（アミノ酸）を多く含んでいる

40代《だい》からの「太《ふと》らない体《からだ》」のつくり方《かた》

著　者——満尾　正（みつお・ただし）

発行者——押鐘太陽

発行所——株式会社三笠書房

〒102-0072 東京都千代田区飯田橋3-3-1
電話：(03)5226-5734（営業部）
：(03)5226-5731（編集部）
https://www.mikasashobo.co.jp

印　刷——誠宏印刷

製　本——若林製本工場

編集責任者　清水篤史
ISBN978-4-8379-2529-3 C0030